ŒUVRES COMPLÈTES
DE
LOUISE LABÉ

LOUISE LABÉ

Littérature du XVIe siècle
dans la même collection

ARIOSTE, *Roland furieux.*

AUBIGNÉ, *Les Tragiques.*

CASTIGLIONE, *Le Livre du courtisan.*

DU BELLAY, *Les Regrets. – Les Antiquités de Rome.*

ÉRASME, *Éloge de la folie* suivi de *La Lettre d'Érasme à Dorpius.*

JEAN DE LA CROIX, *Poésies* (édition bilingue).

LABÉ, *Œuvres complètes. Sonnets. Élégies. Débat de Folie et d'Amour.*

LA BOÉTIE, *Discours de la servitude volontaire.*

LE TASSE, *La Jérusalem délivrée.*

MALHERBE, *Œuvres poétiques.*

MARGUERITE DE NAVARRE, *Heptaméron.*

MAROT, *Œuvres poétiques.*

MONTAIGNE, *Essais.*

RABELAIS, *Pantagruel. – Gargantua. – Le Tiers Livre. – Le Quart Livre. – Le Cinquiesme Livre.*

La Renaissance bucolique. Poèmes choisis (1550-1600).

RONSARD, *Les Amours. – Discours. Derniers vers. – Le Bocage. Les Meslanges.*

SHAKESPEARE, *Antoine et Cléopâtre* (édition bilingue). – *Beaucoup de bruit pour rien* (édition bilingue). – *Les Deux Gentilshommes de Vérone. La Mégère apprivoisée. Peines d'amour perdues.* – *Hamlet* (édition bilingue). – *Henry V* (édition bilingue). – *Macbeth* (édition bilingue). – *Le Marchand de Venise* (édition bilingue). – *Le Marchand de Venise. Beaucoup de bruit pour rien. Comme il vous plaira.* – *La Mégère apprivoisée* (édition bilingue). – *La Nuit des rois* (édition bilingue). – *Othello. Le Roi Lear. Macbeth.* – *Richard III. Roméo et Juliette. Hamlet.* – *Le Roi Lear* (édition bilingue). – *Roméo et Juliette* (édition bilingue). – *Le Songe d'une nuit d'été* (édition bilingue). – *Le Songe d'une nuit d'été. Les Joyeuses Commères de Windsor. Le Soir des rois.* – *La Tempête* (édition bilingue). – *Titus Andronicus. Jules César. Antoine et Cléopâtre. Coriolan.*

La Vie de Lazarillo de Tormès (édition bilingue).

LOUISE LABÉ

ŒUVRES COMPLÈTES

SONNETS-ÉLÉGIES DÉBAT DE FOLIE ET D'AMOUR

POÉSIES

Édition, préface et notes
par
François RIGOLOT

GF Flammarion

On trouvera en fin de volume
une bibliographie, une chronologie et un lexique.

ISBN : 2-08-070413-3

Pour Natalie Zemon Davis,
« Dame Lïonnoize »

PRÉFACE

Le plus grand plaisir qui soit après amour, c'est d'en parler.

Débat de Folie et d'Amour.

Louise Labé aujourd'hui. Le plus grand poète féministe de la Renaissance française n'est encore connu du public cultivé que par quelques sonnets d'amour quand ce n'est pas par la légende malveillante qui s'est attachée à ruiner la réputation de la « Belle Cordière ». Ses *Œuvres complètes* méritent pourtant de quitter les bibliothèques de spécialistes pour atteindre le lecteur de bonne foi qui les goûtera comme d'authentiques chefs-d'œuvre du passé, parce qu'elles parlent intensément à notre sensibilité moderne.

Pendant longtemps les censeurs et les amateurs de biographies scabreuses ont joui d'un succès de scandale qui les a fait renchérir sur les détails licencieux d'une vie tout à fait hypothétique pour inventer le portrait de la « courtisane lyonnaise ». Louise Labé n'était d'ailleurs pas la seule à souffrir de ces attaques calomnieuses : une polémique assez semblable avait pris pour cible un poète féminin de la Renaissance italienne, Gaspara Stampa, dont la vie privée était l'objet d'insinuations tout aussi déplacées.

A la vérité, on connaît bien peu de choses de la vie de Louise Labé (les lacunes de la Chronologie en sont l'illustration). Comment se fait-il qu'une bourgeoise de Lyon, fille et femme d'artisan cordier ait pu, d'un seul coup, trouver le ton juste à la fois dans l'engagement féministe, le badinage mythologique et la grande poésie lyrique? C'est là une question à laquelle on aimerait pouvoir répondre, ne serait-ce que pour tenter d'expliquer ce qu'il faut bien appeler le « phénomène Louise Labé ». A une époque où, comme le rappelle Natalie Z. Davis, une femme du menu peuple ne pouvait revendiquer la culture et y prendre une part active sans sombrer dans le ridicule, on se demande bien comment une femme de basse condition a pu devenir le poète célèbre qu'elle a été en son temps, comment a pu s'écrire et se publier une œuvre à la fois aussi savante et aussi résolument novatrice. Il semble bien que tout effort critique, loin d'éclaircir ce mystère, ne parvienne qu'à le renforcer; et c'est un peu la gageure du discours qu'à notre tour nous tenons ici.

*

L'Épître dédicatoire à Clémence de Bourges, sur laquelle s'ouvre le recueil, est un texte important pour l'histoire de l'humanisme et du féminisme. On y découvre, comme chez Erasme, Budé, Vivès ou Rabelais, le tableau contrasté entre les ténèbres du passé et les lumières du présent et de l'avenir. Mais l'opposition traditionnelle entre un monde médiéval de l'ignorance et une restauration contemporaine des « bonnes lettres » se trouve traduite en des termes tout différents. Ce sont les femmes éclairées qui ont le devoir moral de se mettre à l'étude et de composer des ouvrages littéraires; et cela, sans fausse modestie. Mettant à profit la liberté nouvelle de leur sexe, elles entreprendront des activités intellectuelles honorables et obtiendront la gloire qui, jusque-là, était abusivement réservée au sexe masculin.

Dans son effort d'affranchissement résolu, Louise Labé refuse les attributs traditionnels de la femme-objet: ce qui compte pour elle ce n'est pas de se parer de colliers, de bagues et de somptueux vêtements, mais de participer à égalité à cette culture nouvelle, ou renouvelée, qui lui donnera sa véritable identité. Refus quasi sartrien avant l'heure de se définir par le regard de l'autre et joie de revendiquer un « être à soi » qui ne dépende pas du désir objectivant du sexe dominant.

A l'horizon de cette revendication se profile une problématique typique de la Renaissance : la conscience très vive des inévitables ravages du temps et le violent désir d'y échapper par la promesse de la gloire littéraire, tempérée par un empirisme sans illusion. Le caractère décidé de son manifeste n'empêche pas Louise Labé d'avoir un sens très net de ses limites : elle reconnaît volontiers la médiocrité de son intelligence et la modestie des moyens dont elle dispose. Mais, contrairement à ses contemporains, cette profession d'humilité ne reste pas un lieu commun pour capter la bienveillance du lecteur. Lorsque la reine de Navarre affichait une attitude modeste en s'adressant au lecteur de son *Miroir*, il n'était pas possible de prendre à la lettre les maladresses de style dont elle s'accusait ; on devinait trop bien qu'il s'agissait de signaler l'attitude de « l'âme pécheresse » en proie au renoncement quiétiste :

> Si vous lisez ceste œuvre toute entiere,
> Arrestez vous, sans plus, à la matiere,
> En excusant la rhyme et le languaige,
> Voyant que c'est d'une femme l'ouvraige,
> Qui n'a en soy science, ne sçavoir.

Il en est tout différemment chez Louise Labé. Si elle refuse de s'arrêter aux objections de la pudeur personnelle et des conventions sociales c'est parce qu'elle se doit de prendre la plume au nom du « bien public ». Elle voit son action en termes communautaires et c'est en tant que membre d'un groupe social — par civisme — qu'elle pense et qu'elle écrit. De là sa requête aux « dames vertueuses », c'est-à-dire à ses contemporaines qui ont la force de caractère (italien : *virtù*) de « regarder un peu au-dessus de leurs quenouilles et de leurs fuseaux ».

Ayant compris qu'une femme isolée dans un milieu culturel au mieux malveillant ne peut changer les structures mentales qui l'oppriment, Louise Labé voudra inviter ses lectrices à s'entraider, à « s'encourager mutuellement » afin de faire comprendre autour d'elles la véritable mission qui est la leur. « N'épargnez pas votre jeunesse », dit-elle à son amie Clémence de Bourges, « ne gaspillez pas les talents qui vous ont été donnés ; consacrez-vous dès maintenant à l'étude des sciences et des lettres car le temps presse ! » Nous avons là une véritable *défense et illustration* de la femme française.

Dans son fameux manifeste littéraire et patriotique, publié six ans plus tôt, Du Bellay invitait les Français à « marcher couraigeusement vers cette superbe cité Romaine » et à dépouiller les lettres latines de leurs glorieux lauriers. A la *Marseillaise* de la conquête fait place, chez Louise Labé, un hymne moins martial : celui de la collaboration entre les sexes fondée sur l'émulation dans le respect et pour le plus grand profit de tous. « Notre sexe y gagnera en réputation », fait-elle remarquer, « mais nous aurons surtout œuvré pour le bien public ; car les hommes redoubleront d'efforts pour se cultiver, de peur de se voir honteusement distancier par celles auxquelles ils se sont toujours crus supérieurs quasiment en tout. »

Entre les hommes et les femmes il n'est pas question de savoir qui a tort et qui a raison ; mais un dialogue doit s'instaurer, ou un *débat* pour reprendre le titre de l'œuvre en prose qui s'annonce et qui a précisément pour thème le partage actif du pouvoir entre des forces universelles rivales, l'Amour et la Folie.

*

Le *Débat de Folie et d'Amour* est un conte mythologique dialogué en prose qui traite, de façon allégorique, des aspects conflictuels de la passion et du désir. Le genre est ancien. Le Moyen Age en a connu de nombreux exemples : *Débat de l'âme et du corps, du clerc et de la demoiselle, du clerc et du chevalier*, etc. Il présente une structure argumentative de conflit *(conflictus)* où sont exposés tour à tour le pour et le contre de la question débattue (par exemple : « lequel vaut mieux à aimer du clerc ou du chevalier »). Chez Louise Labé le *Débat* se fait particulièrement savant avec de nombreuses références, anciennes et modernes, qu'il est souvent difficile d'identifier de façon précise (cf. D. O'Connor, E. Giudici). Chez les classiques on trouve des réminiscences du *Banquet* de Platon, de la *Théogonie* d'Hésiode, du deuxième *Dialogue des dieux* de Lucien (dans la traduction latine de 1528) et des œuvres d'Ovide, en particulier des *Métamorphoses*. Chez les Italiens on pense d'abord à Pétrarque et à Marsile Ficin; puis à Dante et Boccace, Bembo, Castiglione et Léon L'Hébreu. Enfin, parmi les autres sources, l'*Éloge de la Folie* d'Érasme occupe une place de choix et pour des raisons évidentes: il avait connu plusieurs éditions à Lyon chez Gryphe depuis 1511 et avait été publié en traduction chez Galliot du Pré en 1520.

Cet ensemble de sources n'empêche pas l'auteur de donner un style extraordinairement vivant à un petit chef-d'œuvre qu'imitera à son tour La Fontaine dans sa fable, « L'Amour et la Folie » (Livre XII, fable 14). L'argument est simple. Conviés par Jupiter à l'assemblée des dieux, la Folie et l'Amour se bousculent à la porte du palais. L'Amour (Cupidon) tente alors de décocher une flèche à la Folie qui esquive et se venge en rendant l'Amour aveugle. Jupiter est saisi du cas et décide de confier la défense de Cupidon à Apollon et celle de la Folie à Mercure. Ce sont ces deux plaidoiries qui constituent l'essentiel de l'ouvrage: deux discours d'avocats qui ironisent sur le jargon du palais et les habitudes judiciaires de l'époque et où l'on a cru reconnaître la main du juriste Thomas Fortin (Fortini), ami de Louise Labé.

On retrouve en effet à divers degrés dans ce style les deux tendances majeures de la prose narrative du XVIe siècle (A. Lorian): l'*emphase*, c'est-à-dire le désir d'amplifier le discours pour mieux impressionner le lecteur par un savoir exagéré (intention « impressive »), et l'*imbrication*, ce besoin de relier entre eux les éléments les plus épars du texte pour les présenter selon l'enchaînement d'une continuité fictive (intention « expressive »). Cependant le *Débat* fait oublier le plus souvent ces maniérismes et ces conventions d'époque par le recours à la parodie et à l'éloge paradoxal, ce genre de l'*encomium* dont Lucien avait fourni le modèle, qu'Érasme et Thomas More avaient traduit et imité et que Rabelais venait de franciser dans *Pantagruel* et *Gargantua*.

On pense en effet à Rabelais en lisant la prose de

Louise Labé. La description que donne par exemple Apollon des « misanthropes », ces rustres qui ignorent le ferment civilisateur de l'amour, étonne par la vigueur du détail concret et juste : ce sont des « taupes cachées sous terre et ensevelies dans leurs bizarreries » ; ils « se couchent en chapon, le morceau au bec » ; ce sont des « gens plus fades à voir qu'un potage sans sel à humer ». Sainte-Beuve ne s'y était pas trompé : « description [...] énergique, grotesque, [qui] sent son Rabelais », écrivait-il en 1845 ; puis, en 1863, ravi de la santé de ce langage : « Rabelais est déjà venu ».

Ailleurs, sous le couvert de Mercure, c'est avec un plaisir malicieux que Louise Labé nous congédie un amant entreprenant mais trop sûr de sa conquête : « les femmes prennent volontiers plaisir à voir les hommes se débattre ! » Elle est sans pitié pour les vantards et les jaloux, mais participe à la joie du soupirant fébrile qui a obtenu « un petit adieu souriant » de sa belle : il rentrera chez lui « plus content que quand Ulysse vit la fumée de son Ithaque ». Tout cela est dans la meilleure tradition des contes et nouvelles, de Boccace à Marguerite de Navarre. Mais il y a en plus ce regard amusé d'une femme d'esprit qui a l'impertinence de faire parler les dieux pour railler les hommes, sans jamais négliger un instant la vérité des caractères.

Les caractères : comment ne pas évoquer par avance, à la lecture de certaines pages ce « discontinu radical du langage » qui, selon Roland Barthes, caractérise l'écriture de La Bruyère ? Voici le sage amoureux qui attend qu'on vienne le prier et « reste tout seul avec sa sagesse » : « il aura tout le temps d'aller planter des choux ! » Et voici le fol amant qui n'a d'autre souci que de se faire aimer : « peigné, rasé, parfumé, tiré à quatre épingles : il se croit quelqu'un ». « Quel écrivain digne de ce nom a jamais su réduire le style à la transparence neutre d'un moyen ? » (J. Lafond à propos de La Bruyère.) Dans le contraste qu'elle ménage entre le sage et le fou, c'est la part du fou que le *Débat* nous fait prendre : non parce que la sagesse est ennuyeuse mais parce que le style de la folie est autrement plus séduisant.

Folie de l'amour, amour de la folie. Astrologues, magiciens, charlatans sont tous fous ; et pourtant ils méritent notre intérêt, notre admiration. La « folle curiosité » de l'être humain ne peut être condamnée sans condamner du même coup cette soif de savoir *(libido sciendi)* qui définit notre humanité. Le *Débat* pose en effet avec la plus grande acuité le problème des rapports entre deux types de discours de la *libido :* celui qui prend l'Amour comme principe et rêve d'un ordre, d'une harmonie impossibles et celui qui accueille la Folie pour repousser ou refuser les limites du savoir. Si l'Amour fonctionne dans ce texte comme synecdoque du discours littéraire, la Folie opère alors comme synecdoque du discours érudit et humaniste (M.-R. Logan).

L'enjeu du *Débat* serait alors dans le choix indécidable entre un discours de la clôture (recherche de l'absolu de la possession) et un discours de la non-clôture (délectation dans le chaos de désir). Si cet enjeu épistémologique se traduit thématiquement par des abstractions mythologiques (Amour et Folie), c'est parce que ce sont des « signifiants disponibles » de l'apparente aporie sous-jacente au *Débat*. Cette problématique n'est pas propre à Louise Labé — même si celle-ci est la seule à la formuler en termes féministes. Contrairement à Dante qui condamnait Ulysse dans son *Inferno,* Rabelais avait noté l'ambiguïté de la « curiosité » à propos de Panurge ; et Montaigne reviendra longuement sur ce sujet dans l'*Apologie de Raymond Sebond*.

Or, malgré cet envers philosophique sérieux et profond, le *Débat* tient une place importante dans la grande littérature comique de la Renaissance. Nous sommes loin des bouffonneries grossières de la farce du XVIe siècle : pas de langage macaronique ou de coq-à-l'âne marotique. Le conte mythologique fournit le cadre approprié à une écriture discrètement récréative, comme chez Jean Lemaire de Belges. Les dieux ont bon dos et Vénus, ellemême, n'échappe pas au ridicule. Les allusions parodiques n'épargnent pas les autorités les plus diverses : les citations de la *Genèse* (« image et ressemblance »), de saint Paul (« le véritable amour ne cherche pas son profit mais celui de la personne aimée ») ou de Calvin (« il est temps d'aller au consistoire ») font curieuse figure dans le cadre païen des premiers tableaux.

Jupiter lui-même ironise sur les dieux de l'Olympe qui ne sont pas meilleurs que les mortels ; et Cupidon imagine les conséquences tragiques de sa cécité avec une cocasserie franchement burlesque. Quant à la Folie, elle ne manque pas d'émailler ses propos de sous-entendus égrillards : si Didon n'avait fait qu'accueillir Énée et lui accorder des privautés, on ne parlerait pas plus d'elle « que de mille autres hôtesses qui font plaisir aux passants »... Cependant les plaisanteries obscènes, si courantes dans la littérature comique de l'époque, sont totalement absentes du *Débat*. Nous sommes bien plutôt dans le domaine de la *facétie*, ce procédé littéraire longuement débattu par les théoriciens de la Renaissance, dont le mécanisme vise surtout à l'effet de pointe et de surprise. Tout comme chez le Pogge, la facétie du *Débat* prend l'être humain, homme ou femme, pour cible et frôle parfois la satire en prétendant jouir d'une totale liberté : on n'y épargne personne (« Ibi parcebatur nemini »).

La mise en narration du fait facétieux permet non seulement de jouer sur les signes, pour créer une situation euphorisante par des ambiguïtés et des polysémies appropriées, mais de faire un commentaire sévère sur certaines pratiques courantes de la société. Car le *Débat* est aussi cela : « un document social » (Ch. L. Woods). A la revendication de l'accès à la culture pour les femmes — si vigoureusement formulée dans l'épître dédicatoire — s'ajoute dans le *Débat* l'espoir que cette culture aura un effet civilisateur sur les hommes. Apollon déplore la brutalité et la grossièreté de cette société masculine qui ne sait parler qu'un « rustique et barbare langage ». Il y a là un désir émouvant de raffiner, d'éduquer les instincts de ces bourgeois trop vite arrivés qui pourraient bien profiter d'un séjour à l'école du *Courtisan* de Castiglione (publié dans la traduction de J. Colin à Lyon en 1537).

Quant aux femmes d'esprit de la société lyonnaise, la satire les atteint tout autant dans leur perversité. A en croire Mercure, elles se répandent en éloges à l'égard des hommes honnêtes, vertueux et sages; mais c'est aux coquins qu'elles accordent leurs plus intimes faveurs. Si la Folie est féminine, c'est un dieu masculin qui assure sa défense. Louise Labé ne perd jamais cela de vue car, dans sa grande sagesse, elle a su rendre la folie universelle au-delà même du *débat* entre les sexes.

Le jugement de Jupiter reste ambigu jusqu'à la fin : de l'Amour et de la Folie, qui aura gain de cause ? quel est celui qui aura la responsabilité (et le privilège) de conduire l'autre ?

> Et guidera Folie l'aveugle Amour, et le conduira par tout où bon *lui* semblera.

On ne sait à qui se réfère ce « lui », pronom à la fois masculin et féminin. La complémentarité des plaideurs semble acquise en théorie. Il faut maintenant que l'auteur en donne une application pratique ; et ce sera le but recherché par la poésie lyrique, et d'abord par les trois élégies.

*

Les lexicographes signalent l'usage du terme « élégie » en français dès le milieu du XVe siècle (Cl. Thiry) et Du Bellay avait bien tort d'en attribuer la paternité à Lazare de Baïf (1496 ?-1547) dans la *Défense et illustration de la langue française* (II, ch. 12). Cependant c'est Clément Marot qui a introduit le genre en France avec la publication de vingt et une pièces portant ce titre dans la *Suite de l'Adolescence Clémentine* (1534). Selon Thomas Sebillet, auteur du premier *Art poétique* en France à porter ce nom (1548), si l'épître est une lettre en vers, l'élégie est une épître qui « traitte l'Amour et déclare ses desirs, ou plaisirs, et tristesses a celle qui en est la cause et l'objet, mais simplement et nuement ». Du point de vue de la forme, cette « epistre amoureuse » est écrite en décasyllabes à rimes plates : c'est cette forme qu'adopte Louise Labé dans les trois exemples qu'elle nous a laissés.

Il faut d'abord remarquer que le *Privilège du Roi*, qui accompagne certains exemplaires des *Œuvres* de 1555, identifie les élégies comme des « Odes et Epistres ». Cela montre, entre autres choses, qu'il régnait alors une certaine confusion dans la terminologie malgré les distinctions faites par Du Bellay dans sa *Défense* où Ovide était pris comme le modèle des élégiaques (II, ch. 4). Marot et Sebillet avaient fait remonter, eux aussi, la nouvelle élégie française au poète des *Amores* dont ils disaient reprendre le style déploratif; mais, en réalité, l'Ovide que choisissait Marot pour modèle était bien plutôt l'auteur des *Héroïdes,* ces lettres d'amour dont le caractère « plaintif » venait de ce que l'amour dont elles parlaient était le plus souvent malheureux (V.-L. Saulnier, C. A. Mayer).

Si les élégies de Marot devaient donc très peu aux élégiaques latins, il n'en est pas de même de celles de Louise Labé. Comme le prouve la deuxième élégie, elle connaissait non seulement le modèle des *Héroïdes* (il y en avait eu plusieurs éditions lyonnaises entre 1507 et 1552, sans compter la traduction de Charles Fontaine, ami et admirateur de Louise, en 1552), mais elle avait sans doute lu Tibulle et surtout Properce, peut-être par l'intermédiaire de Pétrarque (G. S. Hanisch). Le motif obsédant qui domine en effet ses élégies est celui de la passion destructrice qui mène à la folie. On reconnaît ici certains aspects propertiens de la *furor amoris :* ce lent poison qui se distille dans le sang et mène à l'insomnie, à l'anorexie et finalement à la mort. Les deux protagonistes du *Débat* ne sont plus des abstractions mythologiques ; ils se sont intériorisés dans le corps même de l'amante qui éprouve dans ses os et dans son sang les souffrances de son incurable maladie.

Il semble inutile d'épiloguer ici sur l'identité possible de l'objet, singulier ou pluriel, de ces poèmes d'amour. Il est très difficile d'y voir en effet le « journal intime » de Louise Labé (G. Guillot). Ce qui compte pour nous c'est que ces poèmes donnent l'illusion d'être écrits par une femme follement amoureuse qui a été abandonnée par son amant. Que cette illusion, esthétiquement parfaite, soit fondée sur des faits réels dans la vie de Louise Labé, cela n'intéresse que la petite histoire. Turquety pensait qu'Olivier de Magny avait inspiré ces poèmes (1860) et

Blanchemain lui répondait que c'était le roi Henri II (1877). Depuis, les discussions plus ou moins oiseuses se sont multipliées à ce sujet sans jamais aboutir à autre chose qu'à prouver l'ingéniosité des critiques. Il ne pouvait en être autrement car, comme le dit Apollon dans le *Débat,* être poète c'est être amoureux — et surtout amoureux de la poésie d'amour. Toute-puissance du « mensonge romantique » en face de la vérité poétique.

Pour nous lecteurs, c'est en définitive la *persona,* le masque si bien ajusté au visage de l'amante, qui fascine dans ces poèmes : attentive et inquiète, elle observe ses sentiments tout en s'abandonnant à son désir ; elle mêle souvenirs et illusions, rêves et résolutions, déraison d'aimer et raison d'en parler. Il se pourrait bien d'ailleurs que le responsable dont l'absence est omniprésente ne soit pas une personne réelle mais qu'il ait valeur de symbole (L. Harvey). D'une part, en effet, aucune description précise ne nous est donnée de sa personnalité : nous ne le connaissons que par son infidélité (« ta folle et volage inconstance »). D'autre part, contrairement à ce qui se passe chez les modèles élégiaques latins ou chez les poètes de la Pléiade, il n'y a aucun désir d'immortaliser l'être aimé en lui donnant un nom. Humilité et pudeur féminine, diront les uns ; répression sociale de la nomination précise dans un contexte scandaleux, diront les autres. Si Albert Béguin pouvait parler du « mal d'être » de Maurice Scève, ne pourrait-il pas s'agir ici d'un « mal d'avoir », du rêve intense d'atteindre l'Autre, du désir de posséder l'altérité — avec la certitude toujours différée de son impossibilité :

> Tu es tout seul, tout mon mal et mon bien :
> Avec toy tout, et sans toy *je n'ay rien.*
>
> (Élégie II, 81-82.)

Ces vers rappellent moins Pétrarque et Serafino que les mystiques espagnols avec leur double postulation du *todo* et du *nada,* le poème cherchant à exprimer à la fois le vide et l'absolu du sentir.

Cependant ce registre sublime de la conscience souffrante — auquel Scève nous avait habitués dans sa *Délie*

— trouve sa traduction concrète dans la description des effets psychosomatiques de la passion, dans cette « conscience du corps » hyperbolisée où s'expriment avec violence les ravages de la fureur d'aimer. Nulle part mieux que dans la deuxième élégie ne se manifeste, par le procédé si moderne du *monologue intérieur,* l'inquiétude fébrile de l'amante abandonnée, tenaillée par le désir et paralysée par l'impuissance de maîtriser son sort.

La rage et la fureur ne monopolisent pourtant pas le ton de ces élégies. On y trouve des passages plus calmes, sinon plus paisibles, qui ne sont pas sans rappeler, par leur ironie faussement distraite, certaines descriptions posées mais mordantes du *Débat*. Qu'on pense, par exemple, au portrait de cette vieille femme qui avait fait la prude pendant sa jeunesse et qui se met à aimer sur le tard :

> Alors de fard et eau continuelle
> Elle esayoit se faire venir belle,
> Voulant chasser le ridé labourage
> Que l'aage avoit gravé sur son visage
>
> (Élégie I, 99-102.)

Racine se serait-il souvenu de la rime en —*age* dans les célèbres vers du songe d'Athalie ? Le parallèle est frappant :

> Même elle avait encor cet éclat emprunté
> Dont elle eut soin de peindre et d'orner son visage
> Pour réparer des ans l'irréparable outrage.
>
> (*Athalie,* II, 5, 494-6.)

Ce portrait impitoyable dans la vérité du détail finit pourtant par être un commentaire attendri sur la vanité humaine : avant le grand siècle, Louise Labé est un moraliste de premier ordre.

Ces réflexions désabusées sur les ravages du temps sont, bien sûr, un *topos* de la poésie lyrique classique et médiévale. Ronsard les avaient reprises, dès 1550, en les associant au thème horacien du *carpe diem*. Louise Labé, elle, n'a aucun goût pour les roses fanées. Elle préfère s'identifier à Sémiramis, la reine guerrière qui, terrassée par la passion, a perdu son instinct combatif et « languit » pitoyablement « sur sa couche » (Élégie I). Il semble bien qu'ici le sexe n'ait rien à voir avec ces qualités que sont la féminité et la masculinité. Voilà une reine au « cœur viril » (c'est-à-dire au courage masculin) qui se trouve tout à coup dénaturée par l'amour : elle perd sa nature masculine (sa force de caractère : *virtus, virtù, vertu*) pour se féminiser, ou plutôt s'efféminer (se dé-courager, qui est le contraire de s'é-vertuer) :

Ainsi Amour de Toy t'a estrangée (I, 89)

Pour une femme, cette perte de la virilité correspond donc à un « estrangement ». Le mot plaisait à Gide ; mais on dirait plus volontiers aujourd'hui « aliénation ». Sémiramis n'est plus elle-même ; et le paradoxe veut qu'elle ne soit plus une femme dans la mesure même où elle s'est féminisée ! Cette étonnante vérité n'est pourtant pas inattendue en un siècle qui avait produit les héroïnes guerrières du *Roland furieux*. Louise Labé fait allusion à Marphise et à Bradamante dans la troisième élégie et Montaigne préférera encore une Bradamante « soldatesque » à une trop douce Angélique pour servir de modèle à « l'institution des enfants » (*Essais*, I, 26).

Ce qui frappe enfin dans ces élégies c'est l'expression d'une conscience très forte de la vocation du poète et de sa place dans la tradition lyrique. La première élégie s'ouvre sur une justification du choix générique : refus de la poésie épique (« les cruelles guerres » de Mars) et scientifique (« les bruians tonnerres » de Jupiter) et accueil de la verve élégiaque pour chanter un amour malheureux. Le rattachement à l'héritage pétrarquiste se fait par l'évocation de Phébus-Apollon, « ami des Lauriers verts », le laurier étant la plante-talisman qui verdit de loin en loin dans les *Rime sparse* pour suggérer à la fois l'absence et la présence de la bien-aimée. L'Amour n'apparaît pas seulement sous les traits de l'archer Cupidon qui tire ses flèches pour ouvrir au cœur de l'amante une plaie inguérissable (Élégie III). Il est aussi le concept fondamental de la théorie néo-platonicienne, le moteur de l'univers, la clé de l'harmonie du cosmos. Il n'est pas étonnant que Louise Labé y puise ses références : la traduction française du *De Amore* de Marsile Ficin avait paru à Poitiers en 1546 et Pontus de Tyard avait donné celle des *Dialogues d'Amour* de Léon L'Hébreu chez Jean de Tournes à Lyon en 1551. Ainsi les avatars de l'Amour sont aussi nombreux chez Louise Labé que chez l'Apollon du *Débat*, inspirateur de la fureur poétique.

Cependant, dès le début de la première élégie, c'est vers le premier et le plus illustre poète féminin de la tradition occidentale que se tourne Louise Labé pour choisir un modèle. Jusque vers 1553-54 on ne connaissait Sapho que par la version masculine de la lettre qu'elle était censée avoir envoyée à son amant Phaon (Ovide, *Héroïde* 15) et par l'adaptation qu'avait faite Catulle de « l'ode à l'Aimée ». Or ce fameux poème de Sapho avait été redécouvert et publié à Bâle et à Venise au moment même où Louise Labé se mettait à composer ses élégies. L'évocation des amours de Lesbos, en un endroit privilégié du texte (début des élégies, ouverture de l'œuvre lyrique du recueil), s'imposait donc à celle qu'on allait bientôt appeler la « Sapho lyonnaise ». Les amis de la « Belle Cordière » ne s'y tromperont pas : le premier poème sur lequel s'ouvrent les *Ecriz* à la gloire de Louise Labé est une ode grecque qui établit explicitement la filiation poétique entre les deux écrivains.

Si cette conscience d'être à la fois poète et femme s'inscrit d'abord par le biais de la référence à Sapho, elle s'exprime aussi dans les élégies d'ouverture et de fermeture (I et III) par la présence de destinataires au féminin pluriel : ces fameuses « Dames Lionnoises » auxquelles s'adresse la voix féminine qui parle dans ces lettres. Si le contexte nous apprend peu de chose sur leur identité c'est pour mieux les présenter comme l'incarnation concrète de la censure sociale. L'amante se croit obligée d'aller au-devant de réprobations possibles sur sa conduite ; elle fait remarquer à ses lectrices putatives (ou à ses « narrataires ») qu'elles ne sauraient la juger sans avoir connu elles-mêmes une passion semblable ; elle les conjure de lui prodiguer leur sympathie et promet, comme naguère Clément Marot à Lyon Jamet, de leur venir en aide le cas échéant (I, 43-48).

L'amante prend d'ailleurs soin de s'identifier elle-même comme femme de Lyon. Dans la prosopopée de la troisième élégie, l'Amour qui s'adresse à elle pour ironiser sur sa sécurité illusoire lui dit :

> Tu penses donc, *ô Lionnoise Dame,*
> Pouvoir fuir par ce moyen ma flamme ?
>
> (III, 47-8)

Il s'agit donc d'un dialogue essentiellement féminin et lyonnais. Ces deux données, sexuelle et géographique, sont indispensables pour créer ce que Roland Barthes appelait un « effet de réel » dans la fiction amoureuse. Le monologue intérieur universel de l'amour malheureux ne peut trouver sa vraisemblance que dans le cadre précis de ce dialogue particulier. La tradition millénaire de la poésie lyrique ne peut se renouveler qu'à ce prix : en établissant l'actualité d'une voix qui parle le langage de toujours.

*

Dès l'*Épître dédicatoire* l'accent était placé sur le lien qui unit l'étude et la sensualité. Si « l'honneur » et la « gloire » de se cultiver sont importants, c'est le « plaisir » qu'on y prend qui reste, en dernière analyse, le critère essentiel : « le plaisir que l'estude des lettres ha accoutumé donner nous y doit chacune inciter ». Ce « plaisir » n'est pas une simple distraction (« recreacion ») ; il ne s'agit pas de « passer le temps » agréablement en esthète ; il faut éprouver un « contentement de soy », une satisfaction aussi sensuelle mais plus durable que le plaisir des sens. Le souvenir des étreintes réelles n'est en effet qu'une illusion dangereuse, « une ombre du passé qui nous abuse et trompe ». Sa traduction littéraire, en revanche, procure un « singulier contentement ». Le plaisir intellectuel de se relire double la joie d'écrire car il permet de revivre ses états d'âme passés, de les juger et d'en imaginer d'autres, autrement dit de les *récrire*. Lecture et écriture sont donc les deux faces d'un même *gai savoir* (« gaye science ») qui domestique et humanise le désir.

Ce plaisir qu'a le poète à se communiquer à un lecteur (une lectrice) qui n'est peut-être que lui-même (elle-même) voudrait ne faire qu'un avec le désir qu'a l'amante de se donner à son amant (A. Gendre). Et c'est sans doute ce qui explique l'impression de sincérité qui se dégage de la forme hautement élaborée des vingt-quatre sonnets d'amour sur lesquels se clôt le recueil des *Œuvres* proprement dites. On sait que la notion de sincérité est très problématique en littérature, et particulièrement à la Renaissance. Tout poète qui écrit des sonnets communique son expérience nécessairement à travers des structures artificielles. Seul « l'auteur putatif » (V. Brombert) nous donne la mesure de sa sincérité par l'adéquation du style aux traits de caractère qu'il se donne (W. Booth). C'est en ce sens seulement qu'on peut dire que Louise Labé est sincère (J. Nash) : parce qu'elle reporte sur le lecteur ce parfait « jugement » d'elle-même pour lui procurer à lui aussi « un singulier contentement ».

Il y a d'ailleurs de bonnes raisons de rejeter l'interprétation naïve qui, depuis Sainte-Beuve, voit dans ces sonnets comme l'aveu spontané d'une âme féminine en désarroi. La « Nymphe ardente du Rhône » est une jolie métaphore, un peu désuète, qui se laisse prendre au piège d'une illusion d'écriture largement partagée. La meilleure preuve en est fournie par la comparaison qui s'impose avec les deux plus célèbres pétrarquistes italiennes, Vittoria Colonna et Gaspara Stampa, dont les œuvres étaient disponibles à Lyon vers 1550. L'originalité de Louise Labé apparaît alors moins dans « le caractère tout intime et passionné des vers » (Sainte-Beuve) que dans la transposition artistique qu'elle a su faire de ses modèles italiens (E. Schulze-Witzenrath).

Un exemple frappant de cette transformation se trouve dans le second sonnet (le premier en français) du recueil, « O beaus yeus bruns », qui a fait l'objet d'une savante étude linguistique (N. Ruwet). On note en effet immédiatement une certaine confusion dans les évocations du premier quatrain :

> O beaus yeus bruns, ô regars destournez,
> O chaus soupirs, ô larmes espandues,
> O noires nuits vainement atendues,
> O jours luisans vainement retournez (1-4).

Qui pousse ces soupirs? qui répand ces larmes? qui attend ces nuits? qui s'obstine dans ces désirs? Le manque d'*embrayeurs* dans les dix premiers vers du poème rend le texte indécidable: le lecteur est incapable de construire une référence cohérente et universellement satisfaisante.

Sans doute, de par sa nature, le discours poétique est-il ambigu (R. Jakobson); mais ici l'ambiguïté dépasse les attentes prévisibles par les normes historiques de la lecture. On en est alors réduit à considérer cette incapacité apparente à établir un circuit normal de communication comme un *brouillage* voulu: plus précisément, comme la traduction textuelle du trouble de la passion. La confusion n'est pas attribuable à quelque échec esthétique mais au désir de traduire, dès le seuil des sonnets français, le chaos intérieur de la *persona* lyrique. L'Amour et la Folie affirment leur co-présence antagoniste en cette évocation double de l'objet et du sujet du désir — co-présence rendue décisive, sur le plan textuel, par l'existence d'un sonnet presque identique dans les *Soupirs* d'Olivier de Magny (voir ci-dessous, pp. 223-229).

Pris dans leur ensemble, les vingt-quatre sonnets forment pourtant un *canzoniere* savamment organisé; la fureur amoureuse et la fureur poétique n'empêchent pas l'écrivain de tracer un développement thématique harmonieux dont on peut donner le plan suivant: 1) sonnet initial italien: signal linguistique d'ouverture qui introduit le genre lyrique de tradition pétrarquiste; 2) les conditions de l'*innamoramento*: l'Ami infidèle s'est d'abord offert comme chevalier servant; son ardeur a été communicative; mais dès que l'amante a manifesté sa passion, il ne s'est plus intéressé à elle; 3) les troubles de la passion: espoirs et désespoirs successifs, double postulation contradictoire du désir, insomnies, surprises et brusques revirements, accusations suivies d'excuses, implorations; 4) sonnet central (XII): confidences à son luth, substitut idéalisé de l'Ami, « témoin irréprochable »; triomphe du chant sur le sentiment (« controlleur veritable »); 5) accueil et refus de l'imaginaire: fantasmes de l'étreinte amoureuse, séduction par les mythes (Zéphyr,

Diane, Mars, Vénus, Jupiter, le Soleil et la Lune) ; recherche de la vie solitaire ; reproches et demande de pardon ; 6) sonnet final : justification auprès du lecteur putatif, appel à la sympathie et mise en garde pour l'avenir.

Il serait cependant possible d'entreprendre un parcours tout différent à travers le recueil et qui mènerait, par exemple, d'une écriture résolument pétrarquiste (portrait idéalisé de l'Amant, mythe de l'Amour-archer, hyperboles de la description et stéréotypes de l'ornementation) à une interrogation ironique sur le langage métaphorique du pétrarquisme. On aurait alors une sorte de réplique, à la palinodie poétique qui avait été celle de Du Bellay. Celui-ci, après la publication de son *Olive* dans la veine pétrarquiste, avait donné, dès 1553, le fameux poème « A une Dame » qui, refondu, paraîtra cinq ans plus tard sous le titre provocateur : « Contre les Pétrarquistes ». Prenant ses distances par rapport à une tradition masculine oppressive, Louise Labé aurait alors cultivé et « oublié l'art de petrarquizer » au cours du même recueil : tour de force stylistique qui ne devrait pas étonner chez l'auteur du *Débat*, rompu aux techniques du genre argumentatif et partisan de structures discursives harmonieuses mais ouvertes.

Quant au platonisme des sonnets, on en décèle la présence surtout à la fin du recueil. La théorie ficinienne de l'amour se trouve, par exemple, clairement exprimée dans les tercets du sonnet XXII : la « puissante harmonie » du cosmos ne peut exister que parce que l'Amour est le principe universel qui gouverne l'univers. On se souvient que dans le *Débat* Apollon avait soutenu la même thèse. Cependant ce *topos* humaniste n'est, dans les sonnets d'amour, qu'un prétexte assez ironique pour protester contre le caractère anti-naturel (puisque anti-cosmique) de la séparation des cœurs et des corps. Tout à coup la belle harmonie céleste, travaillée par une « erreur variable », se change en un chaos horrible, impossible à maîtriser.

Depuis Pétrarque on était habitué à parler d'« erreurs » de jeunesse à propos de l'amour (les « giovanile errore » du sonnet initial des *Rime sparse*). Les poètes lyonnais avaient renchéri : Maurice Scève avait employé le mot dans le huitain initial et le premier dizain de sa *Délie* en 1544 et Pontus de Tyard l'avait choisi pour le titre de son premier recueil poétique, les *Erreurs amoureuses*, en 1549. Au début de sa troisième élégie, Louise Labé reprend ce même mot pour le mettre en relief par la figure rhétorique dite de *correction* et nier, en fait, que son amour ait pu être une erreur de jeunesse :

> Ne veuillez pas condamner ma simplesse
> Et jeune *erreur* de ma folle jeunesse
> *Si c'est erreur...*
>
> (III, 5-7)

Dans les sonnets, elle va plus loin et développe les connotations « erratiques » du discours lyrique pour semer dans l'« ordre irrévocable » du cosmos un chaos plus conforme au désarroi intérieur de l'amante éconduite : la théorie néo-platonicienne n'est plus qu'un *horizon d'attente* singulièrement déçu.

On trouve un autre aspect de ce désir subversif dans le sonnet XVIII où s'affrontent deux types d'inspiration radicalement opposés : la tradition érotique du baiser et de l'étreinte amoureuse, surtout illustrée par la poésie néolatine (Jean Second) et la théorie ficinienne de la « double vie » par l'amour partagé. Si la tradition du « basium » participe à l'inspiration des sonnets, c'est peut-être pour des raisons en partie linguistiques, ou plus exactement onomastiques. Poète de la Renaissance, Louise Labé ne pouvait rester insensible aux évocations de son propre nom. Le rapprochement entre le patronyme français et ses paronymes latins devait s'imposer à sa conscience poétique : *Labium*, la lèvre ; *labia*, les lèvres, appelaient, si l'on peut dire, une poésie *labéenne* du baiser. Il y avait d'ailleurs un précédent latin avec le nom propre *Labeo* et l'adjectif, *labeo, -onis*, « lippu », « qui a de grosses lèvres ».

Dans les *Ecriz* des poètes à la louange de notre écrivain, le titre du poème latin attribué à Antoine Fumée joue sur cette sémantique de la paronomase. Dans : « De Aloysae Labææ Osculis » (Des baisers de Louise Labé), le diminutif de *os* (bouche), *osculum,* voisine avec *Labææ,* paronyme de *labia* (lèvres). De là l'évocation des « baisers empreints de nectar » (strophe II) qui ne s'évanouissent pas au bout des lèvres (strophe III) mais pénètrent les sens (strophe IV) lorsqu'elle vous embrasse. De là encore l'évocation horatienne des traces un peu trop voyantes que laissent aux lèvres les morsures des amants (strophe V). De là enfin l'association du chant lyrique (« melos ») aux baisers de Louise qui donnent au poète son inspiration (strophe VII).

On comprend, dans ces conditions, dans quel contexte surdéterminé il faut placer un sonnet aussi sensuel que le fameux :

> Baise m'encor, rebaise moy et baise. (XVIII, v. 1.)

L'originalité de Louise Labé est d'avoir récrit cette thématique du baiser à la lumière du *Commentaire* ficinien sur le *Banquet* de Platon. Dans le fameux ouvrage néolatin on lit en effet : « iste in illo, ille in isto vivit » (l'un vit dans l'autre et l'autre vit dans l'un, II, 8, 20 r). La formule avait été commentée à son tour par Léon L'Hébreux et, à Lyon, par Pontus de Tyard. Mais Louise Labé devait lui donner un sens littéral et physique : elle devait, au risque de choquer les « Dames Lyonnoises » elles-mêmes, faire entrer dans les corps cette belle union des âmes rêvée par le néo-platonisme.

C'est exactement ce qui se passe en ce sonnet XVIII où, après avoir évoqué sensuellement l'union charnelle dans les quatrains, le poète montre, dans les tercets, qu'elle ne peut être réussie sans la communion des sentiments. En d'autres termes *Eros* a rejoint *Agapè,* cette « vraye et entiere Amour » dont on nous entretenait dans le *Débat,* « qui ne cherche son profit mais celui de la personne qu'il aime ». La sentence idéaliste de saint Paul (« La Charité ne cherche pas son propre avantage », I *Corinthiens,* XIII, 5), vulgarisée par Rabelais dans l'emblème de Gargantua vingt ans plus tôt, trouve dans ce mélange de sensualité et de platonisme une charge poétique renouvelée. Et nous serions entraînés vers la réconciliation optimiste des contraires *(coincidentia opposito-*

rum) si l'on ne nous rappelait aussitôt que cette vision optimiste est au bord de la déraison : « Permets m'*Amour* penser quelque *Folie*... » (XVIII, 11.)

*

Ainsi le Débat entre l'Amour et la Folie continue au-delà du *Débat* proprement dit, jusqu'à la mise en garde du dernier sonnet. De l'Amour et de la Folie qui sera le vainqueur ? Telle est la question qui se repose implicitement à la fin des *Œuvres*. La sentence prononcée par Jupiter ne manquait pas d'ironie et rendait toute réponse illusoire : en principe, la Folie serait le guide mais nul ne sait de qui elle recevrait ses ordres. Louise Labé se veut Jupiter écrivain, à la fois juge et partie au procès de l'écriture poétique : pour ou contre l'ordre apollinien ? pour ou contre le chaos mercurien ? discours rassurant de la clôture ou discours de l'ouverture avec tous ses dangers ? Le texte des *Œuvres* nous condamne, nous lecteurs réels, comme il a condamné les « Dames Lyonnoises », à vivre désormais dans l'incertitude du désir — et ce n'est pas le moindre attrait d'une écriture qui nous parle aujourd'hui avec l'intensité d'une amoureuse folie.

François RIGOLOT.
Princeton, juin 1985.

NOTE SUR LE TEXTE

La production littéraire de Louise Labé qui nous est parvenue se réduit à un seul recueil, publié pour la première fois à Lyon par Jean de Tournes en 1555; il comprend, outre le *Privilège du Roi* daté du 13 mars 1554 [1555 nouveau style], quatre types d'écrits très différents: une épître dédicatoire à une amie lyonnaise, Clémence de Bourges (1532?-1562?); le *Débat de Folie et d'Amour,* conte mythologique en prose dialoguée; trois élégies, ou lettres d'amour fictives, d'une centaine de vers chacune; enfin vingt-quatre sonnets d'amour d'inspirations diverses qui constituent un *canzoniere* original.

A la fin du recueil figurent vingt-quatre poèmes (autant que de sonnets), écrits anonymement par des amis poètes à la gloire de Louise Labé. Nous les avons reproduits ici dans leur intégralité parce qu'ils appartiennent de plein droit à la conception primitive des *Œuvres* originales et constituent un document historique et poétique de la première importance.

Il est possible que Louise Labé ait composé d'autres pièces en prose et en vers qui ne nous sont pas parvenues. Suivant la tradition, nous avons fait figurer en appendice trois poèmes dont l'attribution reste incertaine mais qui sont généralement reproduits par les éditeurs modernes de Louise Labé.

Nous avons pris comme texte de base celui de l'édition *princeps* en corrigeant les fautes signalées dans l'*erratum* placé à la fin du volume et en harmonisant la graphie et la ponctuation. Nous avons donné le texte du *Privilège* dont l'exemplaire de la Bibliothèque nationale (Rés. Ye.

1651) est dépourvu mais que l'on trouve dans un autre exemplaire de la même édition (Lyon, Bibliothèque de la Ville, Rés. 355915). Pour le *Testament,* qui ne figure pas dans les éditions anciennes, nous donnons le texte, également harmonisé, du *Registre* de la Chambre des Notaires (Archives départementales du Rhône, 3E-4158).

Puisqu'il ne s'agit pas ici d'une publication critique, nous n'avons pas cru devoir donner la liste des variantes entre les différentes éditions anciennes. Cette liste est d'ailleurs fort réduite et se limite le plus souvent à de simples variations orthographiques. Nous avons cependant corrigé l'édition princeps sur l'édition de 1556 (Lyon, Bibliothèque de la Ville, 391714; *Bibliographie,* A2.) dans les rares cas où la leçon de 1555 était irrecevable.

EVVRES

DE

LOVÏZE LABÉ
LIONNOIZE.

A LION
PAR IAN DE TOVRNES.

M. D. LV.

Auec Priuilege du Roy.

PRIVILÈGE DU ROI
(13 mars 1554)

Ce privilège, c'est-à-dire l'autorisation exclusive d'imprimer les *Œuvres* de Louise Labé après examen de la censure, manque dans certains exemplaires de l'édition de 1555. On y fait allusion à « plusieurs Sonnets, Odes et Epistres » que des amis de Louise Labé auraient soustraits et publiés « en divers endroits » sans l'approbation de l'auteur. Il s'agit sans doute d'un prétexte habile avancé par l'auteur pour justifier l'impression de ses *Œuvres* et désamorcer à l'avance toute critique malveillante. On trouve d'ailleurs une formulation presque identique de ce prétexte dans l'*Épître* dédicatoire à Clémence de Bourges.

LE PRIVILEGE DU ROY

Henri, par la grâce de Dieu Roy de France [1].

A notre Prevot de Paris, et Seneschal de Lionnois, ou leurs Lieutenants, et à chacun d'eus si comme à lui apartiendra, salut et dileccion.

Reçue avons l'humble supplicacion de nostre chere et bien aymée Louïze Labé, Lionnoize, contenant qu'elle auroit dés [2] long temps composé quelque Dialogue de Folie et d'Amour : ensemble [3] plusieurs Sonnets, Odes et Epistres, qu'aucuns [4] ses Amis auroient souztraits, et iceus encore non parfaits publiez en divers endroits. Et doutant qu'aucuns ne les vousissent [5] faire imprimer en cette sorte, elle les ayant revus et corrigez à loisir, les mettroit volontiers en lumiere [6], à fin de suprimer les premiers exemplaires : mais elle doute que les Imprimeurs ne se vousissent [5] charger de la despence sans estre asseurez qu'autres puis apres n'entreprendront sur [7] leur labeur. POURCE EST IL : que nous inclinans liberalement à la requeste de ladite supliante, luy avons de nostre grace speciale donné Privilege, congé, licence et permission de pouvoir faire imprimer sesdites Euvres cy dessus mencionnées par tel Imprimeur que bon lui semblera. Avec inibicions [8] et defenses à tous Libraires, Imprimeurs

1. Henri II, roi de 1547 à 1559.
2. depuis
3. ainsi que
4. quelques-uns de
5. voulussent
6. publierait
7. ne profiteront de
8. interdictions

et tous autres qu'il apartiendra, de non Imprimer ne faire Imprimer, vendre, ne faire vendre et distribuer ledit livre cy dessus declairé, sans le vouloir et consentement de ladite supliante, et de celuy à qui premierement elle en aura donné la charge, dans le temps de cinq ans consecutifs, faits et accomplis : commençans au jour et date que ledit livre sera achevé d'imprimer, sans qu'il soit libre à autres Imprimeurs ou Libraires, et autres personnes quels qu'ils soient et pour quelque impression que ce soit, soit grande ou petite forme, les pouvoir imprimer ou faire imprimer, et exposer en vente, sinon de ceus que ladite supliante aura fait ou fera imprimer, que lesdis cinq ans ne soient expirez, finiz et accomplis. Et ce, sur [9] peine de confiscacion desdis Livres et d'amende arbitraire [10]. De ce faire vous avons donné pouvoir et mandement [11] special par ces presentes. Mandons [12] et commandons à tous nos Justiciers, Officiers et sugets, que à vous ce faisant soit obeï : car tel est nostre plaisir.

Donné à Fontainebleau, le XIII jour de mars, l'an de grace mile cinq cens cinquante quatre. Et de nostre regne le VIII.

Par le Roy en son Conseil,
Robillart

9. sous
10. fixée par un arbitre
11. ordre écrit
12. ordonnons

ÉPITRE DÉDICATOIRE

A M.C.D.B.L. [1]

Estant le tems venu, Madamoiselle, que les severes loix des hommes n'empeschent plus les femmes de s'apliquer aus sciences et disciplines : il me semble que celles qui ont la commodité [2], doivent employer cette honneste liberté que notre sexe ha autre fois tant desiree, à icelles aprendre : et montrer aus hommes le tort qu'ils nous faisoient en nous privant du bien et de l'honneur qui nous en pouvoit venir : Et si quelcune parvient en tel degré, que de pouvoir mettre ses concepcions par escrit, le faire songneusement et non dédaigner la gloire, et s'en parer plustot que de chaines, anneaus, et somptueus habits : lesquels ne pouvons vrayement estimer notres, que par usage. Mais l'honneur que la science nous procurera, sera entierement notre : et ne nous pourra estre oté, ne par finesse de larron, ne force d'ennemis, ne longueur du tems. Si j'eusse esté tant favorisee des Cieus, que d'avoir l'esprit grand assez pour comprendre ce dont il ha ù envie, je servirois en cet endroit plus d'exemple que d'amonicion [3]. Mais ayant passé partie de ma jeunesse à l'exercice de la Musique, et ce qui m'a resté de tems l'ayant trouvé court pour la rudesse de mon entendement, et ne pouvant de moymesme satisfaire au bon vouloir que je porte à notre sexe, de le voir non en beauté seulement, mais en science et vertu passer ou egaler les hommes : je

1. A M.C.D.B.L. : A Mademoiselle Clémence de Bourges, Lyonnaise. A propos de ce personnage, voir notre préface et la chronologie.
2. qui ont la commodité : qui en ont la possibilité.
3. je me citerais en exemple plutôt que de prodiguer des conseils.

ne puis faire autre chose que prier les vertueuses Dames d'eslever un peu leurs esprits par-dessus leurs quenoilles et fuseaus, et s'employer à faire entendre au monde que si nous ne sommes faites pour commander, si ne devons nous estre desdaignees pour compagnes tant es afaires domestiques que publiques, de ceus qui gouvernent et se font obeïr. Et outre la reputacion que notre sexe en recevra, nous aurons valù au publiq, que les hommes mettront plus de peine et d'estude aus sciences vertueuses, de peur qu'ils n'ayent honte de voir preceder celles, desquelles ils ont pretendu estre tousjours superieurs quasi en tout. Pource, nous faut il animer l'une l'autre à si louable entreprise : De laquelle ne devez eslongner ny espargner votre esprit, jà de plusieurs et diverses graces acompagné : ny votre jeunesse, et autres faveurs de fortune, pour aquerir cet honneur que les lettres et sciences ont acoutumé porter aus personnes qui les suyvent. S'il y ha quelque chose recommandable apres la gloire et l'honneur, le plaisir que l'estude des lettres ha acoutumé donner nous y doit chacune inciter : qui est autre que les autres recreations : desquelles quand on en ha pris tant que lon veut, on ne se peut vanter d'autre chose, que d'avoir passé le tems. Mais celle de l'estude laisse un contentement de soy, qui nous demeure plus longuement. Car le passé nous resjouit, et sert plus que le present : mais les plaisirs des sentimens se perdent incontinent, et ne reviennent jamais, et en est quelquefois la memoire autant facheuse, comme les actes ont esté delectables. Davantage les autres voluptez sont telles, que quelque souvenir qui en vienne, si ne nous peut il remettre en telle disposicion que nous estions : Et quelque imaginacion forte que nous imprimions en la teste, si connoissons nous bien que ce n'est qu'une ombre du passé qui nous abuse et trompe. Mais quand il avient que mettons par escrit nos concepcions, combien que puis apres notre cerveau coure par une infinité d'afaires et incessamment remue, si est ce que long tems apres, reprenans nos escrits, nous revenons au mesme point, et à la mesme disposicion ou nous estions. Lors nous redouble notre aise : car nous retrouvons le plaisir passé qu'avons ù ou en la matiere dont escrivions, ou en l'intelligence des sciences ou lors estions adonnez. Et outre ce, le jugement que font nos fecondes concepcions des premieres, nous rend un singulier contentement. Ces deus biens qui proviennent d'escrire vous y doivent inciter, estant asseuree que le premier ne faudra[1] d'acompagner vos escrits, comme il fait tous vos autres actes et façons de vivre. Le second sera en vous de le prendre, ou ne l'avoir point[2] : ainsi que ce dont vous escrirez vous contentera. Quant à moy tant en escrivant premierement ces jeunesses que en les revoyant depuis, je n'y cherchois autre chose qu'un honneste passetems et moyen de fuir oisiveté : et n'avois point intencion que personne que moy les dust jamais voir. Mais depuis que quelcuns de mes amis ont trouvé moyen de les lire sans que j'en susse rien, et que (ainsi comme aisément nous croyons ceus qui nous louent) ils m'ont fait à croire que les devois mettre en lumiere : je ne les ay osé esçonduire, les menassant ce pendant de leur faire boire la moitié de la honte qui en proviendroit. Et pource que les femmes ne se montrent volontiers en publiq seules, je vous ay choisie pour me servir de guide, vous dediant ce petit euvre, que ne vous envoye à autre fin que pour vous acertener du bon vouloir lequel de long tems je vous porte, et vous inciter et faire venir envie en voyant ce mien euvre rude et mal bati, d'en mettre en lumiere un autre qui soit mieus limé et de meilleure grace.

Dieu vous maintienne en santé.
De Lion ce 24.
Juillet
1555.
Votre humble amie
Louïze Labé.

1. ne faudra : ne manquera pas.
2. Le second sera… point : libre à vous de goûter ou non le second.

DEBAT DE FOLIE
ET D'AMOUR,
PAR
LOUÏZE LABÉ
LIONNOIZE.

ARGUMENT.

1 JUPITER *faisoit un grand festin, où estoit commandé à tous les Dieus se trouver. Amour*[1] *et Folie*[2] *arrivent en mesme instant sur la porte du Palais : laquelle estant jà fermée, et n'ayant que le guichet ouvert, Folie voyant*
5 *Amour jà prest à mettre un pied dedens, s'avance et passe la premiere. Amour se voyant poussé, entre en colere : Folie soutient lui apartenir de passer devant. Ils entrent en dispute sur leurs puissances, dinitez et préseances. Amour ne la pouvant veincre de paroles, met la*
10 *main à son arc, et lui lasche une flesche, mais en vain : pource que Folie soudein se rend invisible : et se voulant venger, óte les yeus à Amour. Et pour couvrir le lieu où ils estoient, lui mit un bandeau, fait de tel artifice, qu'impossible est lui oter. Venus se pleint de Folie, Jupiter veut*
15 *entendre leur diferent. Apolon*[3] *et Mercure*[4] *debatent le droit de l'une et l'autre partie. Jupiter les ayant longuement ouiz, en demande l'opinion aus Dieus : puis prononce sa sentence.*

Les personnes :	FOLIE,	AMOUR,
	VENUS,	JUPITER,
	APOLON,	MERCURE.

1. Amour : Cupidon, fils de Vénus.
2. Folie : déesse, fille de Jeunesse et de Plutus.
3. Apollon : Dieu de la poésie, dieu solaire, défenseur de l'Amour.
4. Mercure : Messager des dieux, défenseur de la Folie.

DISCOURS I

Folie. — A ce que je voy, je seray la derniere au festin de Jupiter, ou je croy que lon m'atent. Mais je voy, ce me semble, le fils de Venus, qui y va aussi tart que moy. Il faut que je le passe : à fin que lon ne m'apelle tardive et paresseuse.

Amour. — Qui est cette fole qui me pousse si rudement ? quelle grande háte la presse ? si je t'usse aperçue, je t'usse bien gardé de passer.

Folie. — Tu ne m'usses pù empescher, estant si jeune et foible. Mais à Dieu te command' [1], je vois devant dire que tu viens tout à loisir.

Amour. — Il n'en ira pas ainsi : car avant que tu m'eschapes, je te donneray à connoitre que tu ne te dois atacher à moy.

Folie. — Laisse moy aller, ne m'arreste point : car ce te sera honte de quereler avec une femme. Et si tu m'eschaufes une fois, tu n'auras du meilleur [2].

Amour. — Quelles menasses sont ce cy ? je n'ay trouvé encore personne qui m'ait menassé que cette fole.

Folie. — Tu montres bien ton indiscrecion, de prendre en mal ce que je t'ay fait par jeu : et te mesconnois bien toymesme, trouvant mauvais que je pense avoir du meilleur si tu t'adresses à moy. Ne vois tu pas que tu n'es qu'un jeune garsonneau ? de si foible taille que quand j'aurois un bras lié, si ne te creindrois je gueres.

Amour. — Me connois tu bien ?

1. à Dieu te command' : à Dieu vat !
2. tu n'auras du meilleur : tu t'en repentiras !

Folie. — Tu es Amour, fils de Venus.

Amour. — Comment donques fais tu tant la brave aupres de moy, qui, quelque petit que tu me voyes, suis le plus creint et redouté entre les Dieus et les hommes ? et toy femme inconnue, oses tu te faire plus grande que moy ? ta jeunesse, ton sexe, ta façon de faire te dementent assez ; mais plus ton ignorance, qui ne te permet connoitre le grand degré que je tiens.

Folie. — Tu trionfes de dire [1]. Ce n'est à moy à qui tu dois vendre tes coquilles [2]. Mais di moy, quel est ce grand pouvoir dont tu te vantes ?

Amour. — Le ciel et la terre en rendent témoignage. Il n'y ha lieu ou n'aye laissé quelque trofee. Regarde au ciel tous les sieges des Dieus, et t'interrogue si quelcun d'entre eus s'est pù eschaper de mes mains. Commence au vieil Saturne, Jupiter, Mars, Apolon, et finiz aus Demidieus, Satires, Faunes et Silvains. Et n'auront honte les Deesses d'en confesser quelque chose. Et ne m'a Pallas espouventé de son bouclier : mais ne l'ay voulu interrompre de ses sutils ouvrages [3], ou jour et nuit elle s'employe. Baisse toy en terre, et di si tu trouveras gens de marque, qui ne soient ou ayent esté des miens. Voy en la furieuse mer, Neptune et ses Tritons, me prestans obeïssance. Penses tu que les infernaus s'en exemptent ? ne les áy je fait sortir de leurs abimes, et venir espouventer les humains, et ravir les filles à leurs meres [4], quelques juges qu'ils soient de telz forfaits et transgressions faites contre les loix ? Et à fin que tu ne doutes avec quelles armes je fay tant de prouesses, voila mon Arc seul et mes flesches, qui m'ont fait toutes ces conquestes. Je n'ay besoin de Vulcan qui me forge de foudres, armet, escu, et glaive [5]. Je ne suis acompagné de Furies, Harpies et tourmenteurs

1. Tu trionfes de dire : tu es beau parleur.

2. vendre tes coquilles : raconter tes sornettes.

3. sutils ouvrages : les tapisseries célèbres de Pallas. Cf. Ovide, *Métamorphoses*, VI, 1-145.

4. allusion à l'enlèvement de Proserpine par Pluton. *Métam.*, V. 359 sq.

5. Vulcain forgea les « foudres » de Jupiter, la cuirasse (« armet ») d'Hercule, le bouclier (« escu ») d'Achille et l'épée (« glaive ») de Pélée.

de monde, pour me faire creindre avant le combat. Je n'ay que faire de chariots, soudars, hommes darmes et grandes troupes de gens : sans lesquelles les hommes ne trionferoient la bas, estant d'eus si peu de chose, qu'un seul (quelque fort qu'il soit et puissant) est bien empesché alencontre de deus. Mais je n'ay autres armes, conseil, municion, ayde, que moymesme. Quand je voy les ennemis en campagne, je me presente avec mon Arc : et laschant une flesche les mets incontinent en route : et est aussi tot la victoire gaignee, que la bataille donnee.

Folie. — J'excuse un peu ta jeunesse, autrement je te pourrois à bon droit nommer le plus presomptueus fol du monde. Il sembleroit à t'ouir que chacun tienne sa vie de ta merci : et que tu sois le vray Signeur et seul souverein tant en ciel qu'en terre. Tu t'es mal adressé pour me faire croire le contraire de ce que je say.

Amour. — C'est une estrange façon de me nier tout ce que chacun confesse.

Folie. — Je n'ay afaire du jugement des autres : mais quant à moy, je ne suis si aisee à tromper. Me penses tu de si peu d'entendement, que je ne connoisse à ton port, et à tes contenances, quel sens tu peus avoir ? Et me feras tu passer devant les yeus, qu'un esprit leger comme le tien, et ton corps jeune et flouet, soit dine de telle signeurie, puissance et autorité, que tu t'atribues ? Et si quelques aventures estranges, qui te sont avenues, te deçoivent, n'estime pas que je tombe en semblable erreur, sachant tresbien que ce n'est par ta force et vertu, que tant de miracles soient avenuz au monde : mais par mon industrie, par mon moyen et diligence : combien que tu ne me connoisses. Mais si tu veus un peu tenir moyen en ton courrous, je te feray connoitre en peu d'heure ton arc, et tes flesches, ou tant tu te glorifies, estre plus molz que paste, si je n'ay bandé l'arc, et trempé le fer de tes flesches.

Amour. — Je croy que tu veus me faire perdre pacience. Je ne sache jamais que personne ait manié mon arc, que moy : et tu me veus faire à croire, que sans toy je n'en pourrois faire aucun effort. Mais puis qu'ainsi est que tu l'estimes si peu, tu en feras tout à cette heure la preuve.

Folie se fait invisible, tellement, qu'Amour ne la peut assener.

Amour. — Mais qu'es tu devenue? comment m'es tu eschapee? Ou je n'ay sù t'ofenser, pour ne te voir [1], ou contre toy seule ha rebouché ma flesche: qui est bien le plus estrange cas qui jamais m'avint. Je pensoy estre seul d'entre les Dieus, qui me rendisse invisible à eus mesmes quand bon me sembloit: Et maintenant ay trouvé qui m'a esbloui les yeus. Aumoins di moy, quinconque sois, si à l'aventure ma flesche t'a frapee, et si elle t'a blessee.

Folie. — Ne t'avoy je bien dit, que ton arc et tes flesches n'ont effort, que quand je suis de la partie. Et pourautant qu'il ne m'a plu d'estre navree, ton coup ha esté sans effort. Et ne t'esbahis si tu m'as perdue de vuë, car quand bon me semble, il n'y ha œil d'Aigle ou de serpent Épidaurien [2], qui me sache apercevoir. Et ne plus ne moins que le Cameleon, je pren quelquefois la semblance de ceus aupres desquelz je suis.

Amour. — A ce que je voy, tu dois estre quelque sorciere ou enchanteresse. Es tu point quelque Circe, ou Medee, ou quelque Fée?

Folie. — Tu m'outrages tousjours de paroles: et n'a tenu à toy que ne l'aye esté de fait. Je suis Deesse, comme tu es Dieu: mon nom est Folie. Je suis celle qui te fay grand, et abaisse à mon plaisir. Tu lasches l'arc, et gettes les flesches en l'air; mais je les assois aus cœurs que je veus. Quand tu te penses plus grand qu'il est possible d'estre, lors par quelque petit despit je te renge et remets avec le vulgaire. Tu t'adresses contre Jupiter: mais il est si puissant, et grand, que si je ne dressois ta main, si je n'avoy bien trempé ta flesche, tu n'aurois aucun pouvoir sur lui. Et quand toy seul ferois aymer,

1. pour ne te voir: faute de te voir.

2. le serpent d'Épidaure était connu pour son regard perçant. Érasme emploie l'expression « serpens Epidaurius » dans l'*Éloge de la Folie*.

quelle seroit ta gloire si je ne faisois paroitre cet amour par mille invencions ? Tu as fait aymer Jupiter : mais je l'ay fait transmuer en Cigne, en Taureau, en Or, en Aigle [1] : en danger des plumassiers, des loups, des larrons, et chasseurs. Qui fit prendre Mars au piege avec ta mere [2], si non moy, qui l'avois rendu si mal avisé, que venir faire un povre mari cocu dedens son lit mesme ? Qu'ust ce esté, si Paris n'ust fait autre chose, qu'aymer Heleine ? Il estoit à Troye, l'autre à Sparte : ils n'avoient garde d'eus assembler. Ne lui fis je dresser une armee de mer, aller chez Menelas, faire la court à sa femme, l'emmener parforce, et puis defendre sa querele injuste contre toute la Grece [3] ? Qui ust parlé des Amours de Dido [4], si elle n'ust fait semblant d'aller à la chasse pour avoir la commodité de parler à Enee seule à seul, et lui montrer telle privauté, qu'il ne devoit avoir honte de prendre ce que volontiers elle ust donné, si à la fin n'ust couronné son amour d'une miserable mort ? On n'ust non plus parlé d'elle, que de mile autres hotesses, qui font plaisir aus passans. Je croy qu'aucune mencion ne seroit d'Artemise [5], si je ne lui usse fait boire les cendres de son mari. Car qui ust sù si son affeccion ust passé celle des autres femmes, qui ont aymé, et regretté leurs maris et leurs amis ? Les effets et issues des choses les font louer ou mespriser. Si tu fais aymer, j'en suis cause le plus souvent. Mais si quelque estrange aventure, ou grand effet en sort, en celà tu n'y as rien : mais en est à moy seule l'honneur. Tu n'as rien que le cœur : le demeurant est gouverné par moy. Tu ne scez quel moyen faut tenir. Et pour te declarer qu'il [6] faut faire pour complaire, je te

1. Jupiter se transforma en cygne pour séduire Léda, en taureau pour enlever Europe, en pluie d'or pour féconder Danaé, en aigle pour s'emparer d'Astéria. Ces scènes sont toutes représentées dans la tapisserie d'Arachné. *Métamorphoses,* VI, 103-114.

2. Vulcain surprit Mars et Vénus, sa propre épouse, en flagrant délit d'adultère. Cf. *Odyssée,* chant VIII et *Métamorphoses,* IV, 167 sq.

3. Allusion aux débuts de la guerre de Troie.

4. Pour l'histoire de Didon et d'Énée, voir *Énéide,* chant IV.

5. Artémise, veuve inconsolable de Mausole, but les cendres de son époux et lui fit ériger le fameux « Mausolée », l'une des sept merveilles du monde.

6. qu'il : ce qu'il.

meine et condui : Et ne te servent tes yeus non plus que la lumiere à un aveugle. Et à fin que tu me reconnoisses d'orenavant, et que me saches gré quand je te meneray ou conduiray : regarde si tu vois quelque chose de toymesme ?

Folie tire les yeus à Amour.

Amour. — O Jupiter ! ô ma mere Venus ! Jupiter, Jupiter, que m'a servi d'estre Dieu, fils de Venus tant bien voulu jusques ici, tant au ciel qu'en terre, si je suis suget à estre injurié et outragé, comme le plus vil esclave ou forsaire, qui soit au monde ? Et qu'une femme inconnue m'ait pù crever les yeus ? Qu'à la malheure [1] fut ce banquet solennel institué pour moy. Me trouveràу je en haut avecques les autres Dieus en tel ordre ? Ils se resjouiront, et ne feray que me pleindre. O femme cruelle ! comment m'as tu ainsi acoutré.

Folie. — Ainsi se chatient les jeunes et presomptueus, comme toy. Quelle temerité ha un enfant de s'adresser à une femme, et l'injurier et outrager de paroles : puis de voye de fait tacher à la tuer. Une autre fois estime ceus que tu ne connois estre, possible, plus grans que toy. Tu as ofensé la Royne des hommes, celle qui leur gouverne le cerveau, cœur, et esprit : à l'ombre de laquelle tous se retirent une fois en leur vie, et y demeurent les uns plus, les autres moins, selon leur merite. Tu as ofensé celle qui t'a fait avoir le bruit que tu as : et ne s'est souciee de faire entendre au Monde, que la meilleure partie du loz qu'il te donnoit, lui estoit due. Si tu usses esté plus modeste, encore que je te fusse inconnue : cette faute ne te fust avenue.

Amour. — Comment est il possible porter honneur à une personne, que lon n'a jamais vuë ? Je ne t'ay point fait tant d'injure que tu dis, vù que ne te connoissois. Car si j'usse sù qui tu es, et combien tu as de pouvoir, je t'usse fait l'honneur que merite une grand' Dame. Mais est il possible, s'ainsi est que tant m'ayes aymé, et aydé

1. Qu'à la malheure : Maudit.

en toutes mes entreprises, que m'ayant pardonné, me rendisses mes yeus?

Folie. — Que tes yeus te soient renduz, ou non, il n'est en mon pouvoir. Mais je t'acoutreray bien le lieu ou ils estoient, en sorte que lon n'y verra point de diformité.

Folie bande Amour, et lui met des esles.

Et ce pendant que tu chercheras tes yeus, voici des esles que je te prestes, qui te conduiront aussi bien comme moy.

Amour. — Mais ou avois tu pris ce bandeau si à propos pour me lier mes plaies?

Folie. — En venant j'ay trouvé une des Parques, qui me l'a baillé, et m'a dit estre de telle nature, que jamais ne te pourra estre oté.

Amour. — Comment oté! je suis donq aveugle à jamais? O meschante et traytresse! il ne te sufit pas de m'avoir crevé les yeus, mais tu as oté aus Dieus la puissance de me les pouvoir jamais rendre. O qu'il n'est pas dit sans cause, qu'il ne faut point recevoir present de la main de ses ennemis. La malheureuse m'a blessé, et me suis mis entre ses mains pour estre pensé. O cruelles Destinees! O noire journee! O moy trop credule! Ciel, Terre, Mer, n'aurez vous compassion de voir Amour aveugle? O infame et detestable, tu te vanteras que ne t'ay pù fraper, que tu m'as oté les yeus, et trompé en me fiant en toy. Mais que me sert de plorer ici? Il vaut mieus que me retire en quelque lieu apart, et laisse passer ce festin. Puis, s'il est ainsi que j'aye tant de faveur au Ciel ou en Terre: je trouveray moyen de me venger de la fausse Sorciere, qui tant m'a fait d'outrage.

DISCOURS II

Amour sort du Palais de Jupiter, et va resvant à son infortune.

Amour. — Ores suis je las de toute chose. Il vaut mieus par despit descharger mon carquois, et getter toutes mes flesches, puis rendre arc et trousse à Venus ma mere. Or aillent [1], ou elles pourront, ou en Ciel, ou en Terre, il ne m'en chaut : Aussi bien ne m'est plus loisible faire aymer qui bon me semblera. O que ces belles Destinees [2] ont aujourdhui fait un beau trait, de m'avoir ordonné estre aveugle, à fin qu'indiferemment, et sans accepcion de personne, chacun soit au hazard de mes traits et de mes flesches. Je faisois aymer les jeunes pucelles, les jeunes hommes : j'acompagnois les plus jolies des plus beaus et plus adroits. Je pardonnois aus laides, aus viles et basses personnes : je laissois la vieillesse en paix : Maintenant, pensant fraper un jeune, j'asseneray sus un vieillart : au lieu de quelque beau galand, quelque petit laideron à la bouche torse : Et aviendra qu'ils seront les plus amoureus, et qui plus voudront avoir de faveur en amours : et possible par importunité, presens, ou richesses, ou disgrace de quelques Dames, viendront au dessus de leur intencion [3] : Et viendra mon regne en mespris entre les hommes, quand ils y verront tel desordre et mauvais gouvernement. Baste : en aille

1. Or aillent : Qu'elles aillent maintenant.
2. Destinées : Parques.
3. et peut-être qu'à force de sollicitations pressantes et de riches présents (ou à cause du malheur de quelque femme) ils obtiendront bien plus qu'ils ne veulent !

comme il pourra. Voila toutes mes flesches. Tel en soufrira, qui n'en pourra mais [1].

Venus. — Il estoit bien tems que je te trouvasse, mon cher fils, tant tu m'as donné de peine. A quoy tient il, que tu n'es venu au banquet de Jupiter? Tu as mis toute la compagnie en peine. Et en parlant de ton absence, Jupiter ha ouy dix mile pleintes de toy d'une infinité d'artisans, gens de labeur, esclaves, chambrieres, vieillars, vieilles edentees, crians tous à Jupiter qu'ils ayment : Et en sont les plus aparens fachez, trouvant mauvais, que tu les ayes en cet endroit egalez à ce vil populaire : et que la passion propre aus bons esprits soit aujourdhui familiere et commune aus plus lourds et grossiers.

Amour. — Ne fust l'infortune, qui m'est avenue, j'usse assisté au banquet, comme les autres, et ne fussent les pleintes, qu'avez ouyes, esté faites.

Venus. — Es tu blessé, mon fils? Qui t'a ainsi bandé les yeus?

Amour. — Folie m'a tiré les yeus : et de peur qu'ils ne me fussent renduz, elle m'a mis ce bandeau qui jamais ne me peut estre oté.

Venus. — O quelle infortune! he moy miserable! Donq tu ne me verras plus, cher enfant? Au moins si te pouvois arroser la plaie de mes larmes.

Venus tache à desnouer la bande.

Amour. — Tu pers ton tems : les neuz sont indissolubles.

Venus. — O maudite ennemie de toute sapience, ô femme abandonnee [2], ô à tort nommee Deesse, et à plus grand tort immortelle. Qui vid onq telle injure? Si Jupiter, et les Dieus me croient. A tout le moins que jamais cette meschante n'ait pouvoir sur toy, mon fils.

Amour. — A tard se feront ces defenses, il les failloit faire [3] avant que fusse aveugle : maintenant ne me serviront gueres!

1. Chacun en souffrira sans rien pouvoir y faire.
2. abandonnée : dépravée.
3. Il est trop tard pour faire ces interdictions; il fallait les faire...

Venus. — Et donques Folie, la plus miserable chose du monde, ha le pouvoir d'oter à Venus le plus grand plaisir qu'elle ust en ce monde : qui estoit quand son fils Amour la voyoit. En ce estoit son contentement, son desir, sa felicité. Helas, fils infortuné ! O desastre d'Amour ! O mere desolee ! O Venus sans fruit belle [1] ! Tout ce que nous aquerons, nous le laissons à nos enfans : mon tresor n'est que beauté, de laquelle que chaut il à un aveugle ? Amour tant cheri de tout le monde, comme as tu trouvé beste si furieuse, qui t'ait fait outrage ! Qu'ainsi soit dit, que tous ceus qui aymeront (quelque faveur qu'ils ayent) ne soient sans mal, et infortune, à ce qu'ils ne se dient plus heureus, que le cher fils de Venus.

Amour. — Cesse tes pleintes douce mere : et ne me redouble mon mal te voyant ennuiee. Laisse moy porter seul mon infortune : et ne desire point mal à ceus qui me suivront.

Venus. — Allons mon fils, vers Jupiter, et lui demandons vengeance de cette malheureuse [2].

1. O Venus sans fruit belle : désormais Vénus est belle et cela ne sert à rien (puisque l'Amour ne peut plus la contempler).

2. malheureuse : misérable.

Discours III

Venus. — Si onques tu uz pitié de moy, Jupiter, quand le fier Diomede me navra, lors que tu me voyois travailler pour sauver mon fils Enee de l'impetuosité des vents, vagues, et autres dangers, esquels il fut tant au siege de Troye, que depuis : si mes pleurs pour la mort de mon Adonis te murent à compassion : la juste douleur, que j'ay pour l'injure faite à mon fils Amour, te devra faire avoir pitié de moy. Je dirois que c'est, si les larmes ne m'empeschoient. Mais regarde mon fils en quel estat il est, et tu connoitras pourquoy je me pleins.

Jupiter. — Ma chere fille, que gaignes tu avec ces pleintes me provoquer à larmes ? Ne scez tu l'amour que je t'ay portee de toute memoire ? As tu defiance, ou que je ne te veuille secourir, ou que je ne puisse ?

Venus. — Estant la plus afligee mere du monde, je ne puis parler, que comme les afligees. Encore que vous m'ayez tant montré de faveur et d'amitié, si est ce que je n'ose vous suplier, que de ce que facilement vous otroiriez au plus estrange de la terre. Je vous demande justice, et vengeance de la plus malheureuse femme qui fust jamais, qui m'a mis mon fils Cupidon en tel ordre que voyez. C'est Folie, la plus outrageuse Furie qui onques fut es Enfers.

Jupiter. — Folie ! ha elle esté si hardie d'atenter à ce, qui plus vous estoit cher ? Croyez que si elle vous ha fait tort, que telle punicion en sera faite, qu'elle sera exemplaire. Je pensois qu'il n'y ust plus debats et noises qu'entre les hommes : mais si cette outrecuidee ha fait quelque desordre si pres de ma personne, il lui sera cher vendu. Toutefois il la faut ouir, à fin qu'elle ne se puisse pleindre. Car encore que je puisse savoir de moymesme la verité du fait, si ne veus je point mettre en avant cette coutume, qui pourroit tourner à consequence, de condamner une personne sans l'ouir. Pource, que Folie soit apelee [1].

Folie. — Haut et souverein Jupiter, me voici preste à respondre à tout ce qu'Amour me voudra demander. Toutefois j'ay une requeste à te faire. Pource que je say que de premier bond la plus part de ces jeunes Dieus seront du coté d'Amour, et pourront faire trouver ma cause mauvaise en m'interrompant, et ayder celle d'Amour acompagnant son parler de douces acclamacions : je te suplie qu'il y ait quelcun des Dieus qui parle pour moy, et quelque autre pour Amour : à fin que la qualité des personnes ne soit plus tot consideree, que la verité du fait. Et pource que je crein ne trouver aucun, qui, de peur d'estre apelé fol, ou ami de Folie, veuille parler pour moy : je te suplie commander à quelcun de me prendre en sa garde et proteccion.

Jupiter. — Demande qui tu voudras, et je le chargeray de parler pour toy.

Folie. — Je te suplie donq que Mercure en ait la charge. Car combien qu'il soit des grans amis de Venus, si suis je seure, que s'il entreprent parler pour moy, il n'oublira rien qui serve à ma cause.

Jupiter. — Mercure, il ne faut jamais refuser de porter parole [2] pour un miserable et afligé : Car ou tu le mettras hors de peine, et sera ta louenge plus grande, d'autant qu'auras moins ù de regard aus faveurs et richesses, qu'à la justice et droit d'un povre homme : ou ta priere ne lui servira de rien, et neanmoins ta pitié, bonté et diligence, seront recommandees. A cette cause tu ne dois diferer ce que cette povre afligee te demande : Et ainsi je veus et commande que tu le faces.

Mercure. — C'est chose bien dure à Mercure moyenner desplaisir à Venus [3]. Toutefois, puis que tu me

1. *La Folie se présente alors devant Jupiter.*
2. porter parole : parler.
3. Il n'est pas facile à Mercure de déplaire à Vénus.

contreins, je feray mon devoir tant que Folie aura raison de se contenter.

Jupiter. — Et toy, Venus, quel des Dieus choisiras tu? l'affeccion maternelle, que tu portes à ton fils, et l'envie de voir venger l'injure, qui lui ha esté faite, te pourroit transporter [1]. Ton fils estant irrité, et navré recentement, n'y pourroit pareillement satisfaire. A cette cause, choisi quel autre tu voudras pour parler pour vous : et croy qu'il ne lui sera besoin lui commander : et que celui, à qui tu t'adresseras, sera plus aise de te faire plaisir en cet endroit, que toy de le requerir. Neanmoins s'il en est besoin, je le lui commanderay.

Venus. — Encor que lon ait semé par le monde [2], que la maison d'Apolon et la mienne ne s'accordoient gueres bien : si le crois je de si bonne sorte qu'il ne me voudra esconduire en cette necessité, lui requerant son ayde à cestui mien extreme besoin : et montrera par l'issue de cette afaire, combien il y ha plus d'amitié entre nous, que les hommes ne cuident.

Apolon. — Ne me prie point, Deesse de beauté : et ne fais dificulté [3] que ne te vueille autant de bien, comme merite la plus belle des Deesses. Et outre le témoignage, qu'en pourroient rendre tes jardins, qui sont en Cypre et Ida [4], si bien par moy entretenus, qu'il n'y ha rien plus plaisant au monde : encore connoitras tu par l'issue de cette querelle combien je te porte d'affeccion et me sens fort aise que, te retirant vers moy en cet afaire, tu declaires aus hommes comme faussement ils ont controuvé, que tu avois conjuré contre toute ma maison.

Jupiter. — Retirez vous donq un chacun, et revenez demain à semblable heure, et nous mettrons peine d'entendre et vuider vos querelles.

1. transporter : conduire à une passion excessive.
2. semé par le monde (la rumeur).
3. ne fais dificulté : ne t'inquiète pas.
4. Phébus-Apollon faisait fructifier les vergers consacrés à Vénus à Chypre et en Crète sur le mont Ida.

DISCOURS IV

Cupidon vient donner le bon jour à Jupiter.

Jupiter. — Que dis tu petit mignon? Tant que ton diferent soit terminé, nous n'aurons plaisir de toy [1]. Mais ou est ta mere?

Amour. — Elle est allee vers Apolon, pour l'amener au consistoire [2] des Dieus. Ce pendant elle m'a comandé venir vers toy te donner le bon jour.

Jupiter. — Je la plein bien pour l'ennui qu'elle porte de ta fortune. Mais je m'esbahi comme, ayant tant ofensé de hauts Dieus et grans Seigneurs, tu n'as jamais ù mal que par Folie!

Amour. — C'est pource que les Dieus et hommes, bien avisez, creingnent que ne leur face pis. Mais Folie n'a pas la consideracion et jugement si bon.

Jupiter. — Pour le moins te devroient ils haïr, encore qu'ils ne t'osassent ofenser. Toutefois tous tant qu'ils sont t'ayment.

Amour. — Je seroye bien ridicule, si ayant le pouvoir de faire les hommes estre aymez, ne me faisois aussi estre aymé.

Jupiter. — Si est il bien contre nature, que ceux qui ont reçu tout mauvais traitement de toy, t'ayment autant comme ceus qui ont ù plusieurs faveurs.

1. Tant que ton procès ne sera pas terminé, nous n'aurons pas le plaisir de ta compagnie.

2. L'allusion au « Consistoire » des Calvinistes est possible; elle est reprise dans les derniers mots de Jupiter à la fin de ce *Discours*.

Amour. — En ce se montre la grandeur d'Amour, quand on ayme celui dont on est mal traité.

Jupiter. — Je say fort bien par experience, qu'il n'est point en nous d'estre aymez [1] : car, quelque grand degré ou je sois, si ay je esté bien peu aymé : et tout le bien qu'ay reçu, l'ay plus tot ù par force et finesse, que par amour.

Amour. — J'ay bien dit que je fay aymer encore ceus, qui ne sont point aymez : mais si est il en la puissance d'un chacun le plus souvent de se faire aymer. Mais peu se treuvent, qui facent en amour tel devoir qu'il est requis.

Jupiter. — Quel devoir ?

Amour. — La premiere chose dont il faut s'enquerir, c'est, s'il y ha quelque Amour imprimee [2] : et s'il n'y en ha, ou qu'elle ne soit encor enracinee, ou qu'elle soit desja toute usee, faut songneusement chercher quel est le naturel de la personne aymee ; et, connoissant le notre, avec les commoditez, façons, et qualitez estre semblables, en user : si non, le changer. Les Dames que tu as aymees, vouloient estre louees, entretenues par un long tems, priees, adorees : quell'Amour penses tu qu'elles t'ayent porté, te voyant en foudre, en Satire, en diverses sortes d'Animaus, et converti en choses insensibles [3] ? La richesse te fera jouir des Dames qui sont avares : mais aymer non. Car cette affeccion de gaigner ce qui est au cœur d'une personne, chasse la vraye et entiere Amour : qui ne cherche son proufit, mais celui de la persone, qu'il ayme [4]. Les autres especes d'Animaus ne pouvoient te faire amiable. Il n'y ha animant courtois et gracieus que l'homme, lequel puisse se rendre suget aus complexions d'autrui, augmenter sa beauté et bonne grace par mile nouveaus artifices : plorer, rire, chanter, et passionner la

1. il n'est point en nous d'estre aymez : il ne tient pas à soi d'être aimé.

2. Il faut d'abord se demander si l'amour a touché le cœur de la personne aimée.

3. nouvelle allusion aux métamorphoses de Jupiter.

4. Cf. saint Paul, I *Corinthiens* : « la Charité ne cherche pas son propre avantage ». Rabelais avait donné cette devise au jeune Gargantua. *Garg.*, chapitre VIII.

personne qui le voit. La lubricité et ardeur de reins n'a rien de commun, ou bien peu, avec Amour. Et pource les femmes ou jamais n'aymeront, ou jamais ne feront semblant d'aymer pour ce respect. Ta magesté Royale encores ha elle moins de pouvoir en ceci; car Amour se plait [1] de choses egales [2]. Ce n'est qu'un joug, lequel faut qu'il soit porté par deus Taureaus semblables: autrement le harnois n'ira pas droit. Donq, quand tu voudras estre aymé, descens en bas, laisse ici ta couronne et ton sceptre, et ne dis qui tu es. Lors tu verras, en bien servant et aymant quelque Dame, que sans qu'elle ait egard à richesse ne puissance, de bon gré t'aymera. Lors tu sentiras bien un autre contentement, que ceus que tu as uz par le passé: et au lieu d'un simple plaisir, en recevras un double. Car autant y ha il de plaisir à estre baisé et aymé, que de baiser et aymer.

Jupiter. — Tu dis beaucoup de raisons: mais il y faut un long tems, une sugeccion grande, et beaucoup de passions.

Amour. — Je say bien qu'un grand Signeur se fache de faire longuement la court, que ses afaires d'importance ne permettent pas qu'il s'y assugettisse, et que les honneurs qu'il reçoit tous les jours, et autres passetems sans nombre, ne lui permettent croitre ses passions, de sorte qu'elles puissent mouvoir leurs amies [3] à pitié. Aussi ne doivent ils [4] atendre les grans et faciles contentemens qui sont en Amour. Mais souventefois j'abaisse si bien les grans, que je les fay à tous [5], exemple de mon pouvoir.

Jupiter. — Il est tems d'aller au consistoire: nous deviserons une autrefois plus à loisir.

1. Mot rectifié dans l'*erratum* de 1555.
2. choses egales: rapports d'égalité.
3. leurs amies: ses amies.
4. ils: les grands seigneurs.
5. je les fay à tous: je me sers d'eux pour montrer à tous l'étendue de ma puissance.

Discours V

APOLON. — Si onques te falut songneusement pourvoir à tes afaires, souverein Jupiter, ou quand avec l'ayde de Briare [1] tes plus proches te vouloient mettre en leur puissance, ou quand les Geans, fils de la Terre, mettans montaigne sur montaigne, deliberoient nous venir combattre jusques ici, ou quand le Ciel et la Terre cuiderent bruler : à cette heure, que la licence des fols est venue si grande, que d'outrager devant tes yeus l'un des principaus de ton Empire, tu n'a moins d'occasion d'avoir creinte, et ne dois diferer à donner pront remede au mal ja commencé. S'il est permis à chacun atenter sur le lien qui entretient et lie tout ensemble : je voy en peu d'heure le Ciel en desordre, je voy les uns changer leurs cours, les autres entreprendre sur leurs voisins une consommacion universelle : ton sceptre, ton trone, ta magesté en danger. Le sommaire de mon oraison sera conserver ta grandeur en son integrité, en demandant vengeance de ceus qui outragent Amour, la vraye ame de tout l'univers [2], duquel tu tiens ton sceptre. D'autant donq que ma cause est tant favorable, conjointe avec la conservacion de ton estat, et que neanmoins je ne demande que justice : d'autant plus me devras tu atentivement escouter. L'injure que je meintien avoir esté faite à Cupidon, est telle : Il venoit au festin dernier : et voulant entrer par une porte, Folie

1. Briare : le géant Briarée qui avait cent mains. Cf. le début des *Métamorphoses* d'Ovide, I, 182-4.

2. L'Amour est l'âme véritable qui anime l'univers. Telle est la thèse centrale de la théorie néo-platonicienne, telle qu'avait pu l'exposer Marsile Ficin dans son *Commentaire sur le Banquet* de Platon.

acourt apres lui, et lui mettant la main sus l'espaule le tire en arriere, et s'avance, et passe la premiere. Amour voulant savoir qui c'estoit, s'adresse à elle. Elle lui dit plus d'injures, qu'il n'apartient à une femme de bien à dire. De là elle commence se hausser en paroles, se magnifier, fait Amour petit. Lequel se voyant ainsi peu estimé, recourt à la puissance, dont tu l'as tousjours vù, et permets user contre toute personne. Il la veut faire aymer : elle evite au coup. Et feignant ne prendre en mal, ce que Cupidon lui avoit dit, recommence à deviser avec lui : et en parlant tout d'un coup lui leve les yeus de la teste. Ce fait, elle se vient à faire si grande sur lui, qu'elle lui fait entendre de ne lui estre possible le guerir, s'il ne reconnoissoit qu'il ne lui avoit porté l'honneur qu'elle meritoit. Que ne feroit on pour recouvrer la joyeuse vuë du Soleil ? Il dit, il fait tout ce qu'elle veut. Elle le bande, et pense ses plaies en attendant que meilleure ocasion vinst de lui rendre la vuë. Mais la traytresse lui mit un tel bandeau, que jamais ne sera possible lui oter : par ce moyen voulant se moquer de toute l'ayde que tu lui pourrois donner : et encor que tu lui rendisse les yeus, qu'ils fussent neanmoins inutiles. Et pour le mieus acoutrer lui ha baillé de ses esles, a fin d'estre aussi bien guidé comme elle. Voila deus injures grandes et atroces faites à Cupidon. On l'a blessé, et lui ha lon oté le pouvoir et moyen de guerir. La plaie se voit, le delit est manifeste : de l'auteur ne s'en faut enquerir. Celle qui ha fait le coup, le dit, le presche, en fait ses contes par tout. Interrogue la : plus tot l'aura confessé que ne l'auras demandé. Que reste il ? Quand il est dit : qui aura tiré une dent, lui en sera tiré une autre : qui aura arraché un œil, lui en sera semblablement crevé un, celà s'entent entre personnes égales. Mais quand on ha ofensé ceus, desquels depend la conservacion de plusieurs, les peines s'aigrissent, les loix s'arment de severité, et vengent le tort fait au publiq. Si tout l'Univers ne tient que par certeines amoureuses composicions, si elles cessoient, l'ancien Abime reviendroit. Otant l'amour, tout est ruïné [1]. C'est donq celui, qu'il

1. On pense à l'éloge des dettes dans lequel Panurge célèbre les

faut conserver en son estre : c'est celui, qui fait multiplier les hommes, vivre ensemble, et perpetuer le monde, par l'amour et solicitude qu'ils portent à leurs successeurs. Injurier cet Amour, l'outrager, qu'est ce, sinon vouloir troubler et ruïner toutes choses ? Trop mieus vaudroit que la temeraire se fust adressee à toy : car tu t'en fusses bien donné garde. Mais s'estant adressee à Cupidon, elle t'a fait dommage irreparable, et auquel n'as ù puissance de donner ordre. Cette injure touche aussi en particulier tous les autres Dieus, Demidieus, Faunes, Satires, Silvains, Deesses, Nynfes, Hommes, et Femmes : et croy qu'il n'y ha Animant, qui ne sente mal, voyant Cupidon blessé. Tu as donq osé, ô detestable, nous faire à tous despit, en outrageant ce que tu savois estre de tous aymé. Tu as ù le cœur si malin, de navrer celui qui apaise toutes noises et querelles. Tu as osé atenter au fils de Venus : et ce en la court de Jupiter : et as fait qu'il y ha ù ça haut moins de franchise, qu'il n'y ha la bas entre les hommes, es lieus qui nous sont consacrez. Par tes foudres, ô Jupiter, tu abas les arbres, ou quelque povre femmelette gardant les brebis, ou quelque meschant garsonneau, qui aura moins dinement parlé de ton nom : Et cette cy, qui, mesprisant ta magesté, ha violé ton palais, vit encores ! et ou ? au ciel : et est estimee immortelle, et retient nom de Deesse ! Les roues des Enfers [1] soutiennent elles une ame plus detestable que cette cy ? Les montaignes de Sicile couvrent elles de plus execrables personnes [2] ? Et encores n'a elle honte de se presenter devant vos divinitez : et lui semble (si je l'ose dire) que serez tous si fols, que de l'absoudre. Je n'ay neanmoins charge par Amour de requerir vengeance et punicion de Folie. Les gibets, potences, roues, couteaux, et foudres ne lui plaisent, encor que fust contre ses malveuillans, contre lesquels mesmes il ha si peu usé de son ire, que, oté quelque subit courrous

devoirs réciproques postulés par la loi d'amour universelle. Cf. Rabelais, *Tiers Livre,* chapitres III et IV.

1. Ixion avait voulu séduire Junon et avait été condamné pour l'éternité au supplice de la roue. Cf. *Métam.*, IV, 461 ; IX, 124 ; X, 42.

2. Le géant Typhée, vaincu par Jupiter, avait été enseveli sous l'Etna.

de la jeunesse qui le suit, il ne se trouva jamais un seul d'eus qui ait voulu l'outrager, fors cette furieuse. Mais il laisse le tout à votre discrecion, ô Dieus : et ne demande autre chose, sinon que ses yeus lui soient rendus, et qu'il soit dit, que Folie ha ù tort de l'injurier et outrager. Et à ce que par ci apres n'avienne tel desordre, en cas que ne veuillez ensevelir Folie sous quelque montaigne [1], ou la mettre à l'abandon de quelque aigle [2], ce qu'il ne requiert, vous vueillez ordonner, que Folie ne se trouvera pres du lieu ou Amour sera, de cent pas à la ronde. Ce que trouverez devoir estre fait, apres qu'aurez entendu de quel grand bien sera cause Amour, quand il aura gaigné ce point : et de combien de maus il sera cause, estant si mal acompagné, mesmes à present qu'il na perdu les yeus. Vous ne trouverez point mauvais que je touche en brief en quel honneur et reputacion est Amour entre les hommes, et qu'au demeurant de mon oraison je ne parle guere plus que d'eus. Donques les hommes sont faits à l'image et semblance de nous [3], quant aus esprits : leurs corps sont composez de plusieurs et diverses complexions : et entre eus si diferent tant en figure, couleur et forme, que jamais en tant de siecles, qui ont passé, ne s'en trouva, que deus ou trois pers, qui se ressemblassent : encore leurs serviteurs et domestiques les connoissoient particulierement l'un d'avec l'autre. Estans ainsi en meurs, complexions, et forme dissemblables, sont neanmoins ensemble liez et assemblez par une benivolence, qui les fait vouloir bien l'un à l'autre : et ceus qui en ce sont les plus excellens, sont les plus reverez entre eus. Delà est venue la premiere gloire entre les hommes. Car ceus qui avoient inventé quelque chose à leur proufit estoient estimez plus que les autres. Mais faut penser que cette envie de proufiter en publiq, n'est procedee de gloire, comme estant la gloire posterieure en tems. Quelle peine croyez vous qu'a ù Orphee pour destourner les

1. « sous quelque montaigne » comme Typhée. Cf. Ovide, *Métam.*, V, 346-53.

2. « quelque aigle » : comme Prométhée, enchaîné sur le Caucase où un aigle lui rongeait le foie.

3. allusion à la *Genèse*, I, 27.

hommes barbares de leur acoutumee cruauté? pour les faire assembler en compagnies politiques? pour leur mettre en horreur le piller et robber l'autrui? Estimez vous que ce fust pour gain? duquel ne se parloit encores entre les hommes, qui n'avoient fouillé es entrailles de la terre? La gloire, comme j'ay dit, ne le pouvoit mouvoir. Car n'estans point encore de gens politiquement vertueus, il n'y pouvoit estre gloire, ny envie de gloire. L'amour qu'il portoit en general aus hommes, le faisoit travailler à les conduire à meilleure vie. C'estoit la douceur de sa Musique, que lon dit avoir adouci les Loups, Tigres, Lions: attiré les arbres, et amolli les pierres. Et quelle pierre ne s'amolliroit entendant le dous preschement de celui qui amiablement la veut atendrir pour recevoir l'impression de bien et honneur? Combien estimez vous que Promethee soit loué là bas pour l'usage du feu, qu'il inventa? Il le vous desroba, et encourut votre indignacion. Estoit ce qu'il vous voulust ofenser? je croy que non: mais l'amour, qu'il portoit à l'homme, que tu lui baillas, ô Jupiter, commission de faire de terre, et l'assembler de toutes pieces ramassees des autres animaus. Cet amour que lon porte en general à son semblable, est en telle recommandacion entre les hommes, que le plus souvent se trouvent entre eus qui pour sauver un païs, leur parent, et garder l'honneur de leur Prince, s'enfermeront dedens lieus peu defensables, bourgades, colombiers: et quelque asseurance qu'ils ayent de la mort, n'en veulent sortir à quelque composicion que ce soit, pour prolonger la vie à ceus que lon ne peut assaillir que apres leur ruïne. Outre cette afeccion generale, les hommes en ont quelque particuliere l'un envers l'autre, et laquelle, moyennant qu'elle n'ait point le but de gain, ou de plaisir de soymesme, n'ayant respect à celui, que lon se dit aymer, est en tel estime au monde, que lon ha remarqué songneusement par tous les siecles ceus, qui se sont trouvez excellens en icelle, les ornant de tous les plus honorables titres que les hommes peuvent inventer. Mesmes ont estimé cette seule vertu estre sufisante pour d'un homme faire un Dieu. Ainsi les Scythes deïfierent Pylade et Oreste, et leur dresserent temples et autels, les apelans les Dieus d'amitié. Mais avant iceus estoit Amour, qui les avoit liez et uniz ensemble. Raconter l'opinion, qu'ont les hommes des parens d'Amour, ne seroit hors de propos, pour montrer qu'ils l'estiment autant ou plus, que nul autre des Dieus. Mais en ce ne sont d'un acord, les uns le faisant sortir de Chaos et de la Terre : les autres du Ciel et de la Nuit : aucuns de Discorde et de Zephire : autres de Venus la vraye mere [1], l'honorant par ces anciens peres et meres, et par les effets merveilleus que de tout tems il ha acoutumé montrer. Mais il me semble que les Grecs d'un seul surnom qu'ils t'ont donné, Jupiter, t'apelant amiable, témoignent assez que plus ne pouvoient exaucer Amour, qu'en te faisant participant de sa nature. Tel est l'honneur que les plus savans et plus renommez des hommes donnent à Amour. Le commun populaire le prise aussi et estime pour les grandes experiences qu'il voit des commoditez, qui proviennent de lui. Celui qui voit que l'homme (quelque vertueus qu'il soit) languit en sa maison, sans l'amiable compagnie d'une femme, qui fidelement lui dispense son bien, lui augmente son plaisir, ou le tient en bride doucement, de peur qu'il n'en prenne trop, pour sa santé, lui ote les facheries, et quelquefois les empesche de venir, l'appaise, l'adoucit, le traite sain et malade, le fait avoir deus corps, quatre bras, deus ames, et plus parfait que les premiers hommes du banquet de Platon [2], ne confessera il que l'amour conjugale est dine de recommandacion ? et n'atribuera cette felicité au mariage, mais à l'amour qui l'entretient. Lequel, s'il defaut en cet endroit, vous verrez l'homme forcené, fuir et abandonner sa maison. La femme au contraire ne rit jamais, quand elle n'est en amour avec son mari. Ilz ne sont jamais en repos. Quand l'un veut reposer, l'autre crie. Le bien se dissipe, et vont toutes choses au rebours. Et est preuve certeine, que la seule amitié fait avoir en mariage le contentement, que lon dit s'y trouver. Qui ne dira bien de l'amour fraternelle, ayant veu Castor et Pollux, l'un mortel estre fait immortel à moitié du don de

1. Il s'agit ici de plusieurs théories sur les origines de l'Amour. Louise Labé s'inspire sans doute du *Banquet* de Platon.

2. Allusion au fameux « androgyne » du *Banquet*.

son frere [1] ? Ce n'est pas estre frere, qui cause cet heur (car peu de freres sont de telle sorte) mais l'amour grande qui estoit entre eus. Il seroit long à discourir, comme Jonathas sauva la vie à David [2] : dire l'histoire de Pythias et Damon [3] : de celui qui quitta son espouse à son ami la premiere nuit, et s'en fuit vagabond par le monde [4]. Mais pour montrer quel bien vient d'amitié, j'allegueray le dire d'un grand Roy, lequel, ouvrant une grenade, interrogué de quelles choses il voudroit avoir autant, comme il y avoit de grains en la pomme, respondit : de Zopires. C'estoit ce Zopire, par le moyen duquel il avoit recouvré Babilone [5]. Un Scyte demandant en mariage une fille, et sommé de bailler son bien par declaracion, dit : qu'il n'avoit autre bien que deus amis, s'estimant assez riche avec telle possession pour oser demander la fille d'un grand Seigneur en mariage [6]. Et pour venir aus femmes, ne sauva Ariadne la vie à Thesee ? Hypermnestre à Lyncee [7] ? Ne se sont trouvees des armees en danger en païs estranges, et sauvees par l'amitié que quelques Dames portoient aus Capiteines ? des Rois remiz en leurs principales citez par les intelligences, que leurs amies leur avoient pratiquees secretement ? Tant y ha de povres soudars, qui ont esté eslevez par leurs amies es Contez, Duchez, Royaumes qu'elles possedoient. Certeinement

1. Castor et Pollux étaient nés d'un des œufs pondus par Léda. Pollux aurait été de la semence de Jupiter, alors que Castor aurait été mortel puisque fils de Tyndare, l'époux de Léda. Par amour fraternel, Pollux aurait conféré à son frère la moitié de son immortalité.

2. Jonathan intercéda pour David auprès de Saül. Cf. I *Samuel* XIX, 1-7.

3. Pythias et Damon rivalisèrent d'abnégation pour s'offrir comme victime à Denys, le tyran de Syracuse qui, finalement, leur laissa la vie à tous deux.

4. Allusion à saint Alexis qui quitta son épouse, la nuit de ses noces, pour se consacrer à Dieu.

5. Plutarque rapporte cette anecdote et l'attribue à Darius dont Zopire était l'ami et le confident. *Moralia,* 173a.

6. Cette anecdote semble empruntée au *Toxaris* de Lucien dont Louise Labé avait pu lire la traduction latine entreprise par Érasme.

7. Le fil d'Ariane permit à Thésée de sortir du Labyrinthe. Hypermnestre fut la seule, parmi les cinquante Danaïdes, à épargner son époux, Lyncée.

tant de commoditez provenans aus hommes par Amour ont bien aydé à l'estimer grand. Mais plus que toute chose, l'afeccion naturelle, que tous avons à aymer, nous le fait eslever et exalter. Car nous voulons faire paroitre, et estre estimé ce à quoy nous nous sentons enclins. Et qui est celui des hommes, qui ne prenne plaisir, ou d'aymer, ou d'estre aymé ? Je laisse ces Mysanthropes [1], et Taupes cachees sous terre, et enseveliz de leurs bizarries, lesquels auront par moy tout loisir de n'estre point aymez, puis qu'il ne leur chaut d'aymer. S'il m'estoit licite, je les vous depeindrois, comme je les voy decrire aus hommes de bon esprit. Et neanmoins il vaut mieus en dire un mot, à fin de connoitre combien est mal plaisante et miserable la vie de ceus, qui se sont exemptez d'Amour. Ils dient que ce sont gens mornes, sans esprit, qui n'ont grace aucune à parler, une voix rude, un aller pensif, un visage de mauvaise rencontre, un œil baissé, creintifs, avares, impitoyables, ignorans, et n'estimans personne : Loups garous. Quand ils entrent en leur maison, ils creingnent que quelcun les regarde. Incontinent qu'ils sont entrez, barrent leur porte, serrent les fenestres, mengent sallement sans compagnie, la maison mal en ordre : se couchent en chapon le morceau au bec. Et lors à beaus gros bonnets gras de deus doits d'espais, la camisole atachee avec esplingues enrouillees jusques au dessous du nombril, grandes chausses de laine venans à mycuisse, un oreiller bien chaufé et sentant sa gresse fondue : le dormir acompagné de toux, et autres tels excremens dont ils remplissent les courtines. Un lever pesant s'il n'y a quelque argent à recevoir : vieilles chausses repetassees, soulier de païsant : pourpoint de drap fourré : long saye mal ataché devant : la robbe qui pend par derriere jusques aus espaules : plus de fourrures et

1. « Mysanthropes » : le mot est d'usage récent. On en trouve une définition dans la *Briefve Declaration* qui accompagne le *Quart Livre* de Rabelais.

Tout ce passage sur les « loups garous » est d'ailleurs très rabelaisien. On pense au contraste entre le petit Gargantua qui pleure « comme une vache » et le jeune page, Eudémon, qui se conduit selon la parfaite étiquette des courtisans dont il connaît le « gracieux langage ». *Garg.*, ch. XV.

pelisses : calottes et larges bonnets couvrans les cheveus mal pignez : gens plus fades à voir, qu'un potage sans sel à humer. Que vous en semble il ? Si tous les hommes estoient de cette sorte, y auroit il pas peu de plaisir de vivre avec eus ? Combien plus tot choisiriez vous un homme propre, bien en point, et bien parlant, tel qu'il ne s'est pù faire sans avoir envie de plaire à quelcun ! Qui ha inventé un dous et gracieus langage entre les hommes ? et ou premierement ha il esté employé ? ha ce esté à persuader de faire guerre au païs ? eslire un Capiteine ? acuser ou defendre quelcun ? Avant que les guerres se fissent, paix, alliances et confederacions en publiq : avant qu'il fust besoin de Capiteines, avant les premiers jugemens que fites faire en Athenes, il y avoit quelque maniere plus douce et gracieuse, que le commun : de laquelle userent Orphee, Amphion, et autres [1]. Et ou en firent preuve les hommes, sinon en Amour ? Par pitié on baille à manger à une creature, encore qu'elle n'en demande. On pense à un malade [2], encore qu'il ne veuille guerir. Mais qu'une femme ou homme d'esprit, prenne plaisir à l'afeccion d'une personne, qui ne la peut descouvrir, lui donne ce qu'il ne peut demander, escoute un rustique et barbare langage : et tout tel qu'il est, sentant plus son commandement, qu'amoureuse priere, celà ne se peut imaginer. Celle, qui se sent aymee, ha quelque autorité sur celui qui l'ayme : car elle voit en son pouvoir, ce que l'Amant poursuit, comme estant quelque grand bien et fort desirable. Cette autorité veut estre reveree en gestes, faits, contenances, et paroles. Et de ce vient, que les Amans choisissent les façons de faire, par lesquelles les personnes aymees auront plus d'ocasion de croire l'estime et reputacion que lon ha d'elles. On se compose les yeus à douceur et pitié, on adoucit le front, on amollit le langage, encore que de son naturel l'Amant ust le regard horrible, le front despité, et langage sot et rude : car il ha incessamment au cœur l'object de l'amour, qui lui cause

1. Orphee, Amphion : souvent cités ensemble comme musiciens et agents civilisateurs de l'humanité à ses débuts.

2. On pense à un malade : on panse un malade.

un desir d'estre dine d'en recevoir faveur, laquelle il scet bien ne pouvoir avoir sans changer son naturel. Ainsi entre les hommes Amour cause une connoissance de soymesme [1]. Celui qui ne tache à complaire à personne, quelque perfeccion qu'il ait, n'en ha non plus de plaisir, que celui qui porte une fleur dedens sa manche. Mais celui qui desire plaire, incessamment pense à son fait : mire et remire la chose aymee : suit les vertus, qu'il voit lui estre agreables, et s'adonne aus complexions contraires à soymesme, comme celui qui porte le bouquet en main, donne certein jugement de quelle fleur vient l'odeur et senteur qui plus lui est agreable. Apres que l'Amant ha composé son corps et complexion à contenter l'esprit de l'aymee, il donne ordre que tout ce qu'elle verra sur lui, ou lui donnera plaisir, ou pour le moins elle n'y trouvera à se facher. De là ha ù source la plaisante invencion des habits nouveaus [2]. Car on ne veut jamais venir à ennui et lasseté, qui provient de voir tousjours une mesme chose. L'homme a tousjours mesme corps, mesme teste, mesme bras, jambes, et piez : mais il les diversifie de tant de sortes, qu'il semble tous les jours estre renouvelé. Chemises parfumees de mile et mile sortes d'ouvrages : bonnet à la saison, pourpoint, chausses jointes et serrees, montrans les mouvemens du corps bien disposé, mille façons de bottines, brodequins, escarpins, souliers, sayons, casaquins, robbes, robbons, cappes, manteaus : le tout en si bon ordre, que rien ne passe. Et que dirons nous des femmes, l'habit desquelles, et l'ornement de corps, dont elles usent, est fait pour plaire, si jamais rien fut fait. Est il possible de mieus parer une teste, que les Dames font et feront à jamais ? avoir cheveus mieus dorez, crespes, frizez ? acoutrement de teste mieus seant, quand elles s'acoutreront à l'Espagnole, à la Françoise, à l'Alemande, à l'Italienne, à la Grecque ? Quelle diligence mettent elles au demeurant de la face ? Laquelle, si elle est belle, elles contregardent tant bien

1. Dans le *Banquet* de Platon l'Amour est une source de la connaissance de soi. L'Amour oblige à se connaître soi-même.

2. Cette « plaisante invencion », c'est-à-dire cette « agréable trouvaille », n'est autre que la mode.

contre les pluies, vents, chaleurs, tems et vieillesse, qu'elles demeurent presque tousjours jeunes. Et si elle ne leur est du tout telle, qu'elles la pourroient desirer, par honneste soin la se procurent; et l'ayant moyennement agreable, sans plus grande curiosité, seulement avec vertueuse industrie la continuent, selon la mode de chacune nacion, contree, et coutume. Et avec tout celà, l'habit propre comme la feuille autour du fruit. Et s'il y ha perfeccion du corps, ou lineament qui puisse, ou doive estre vù et montré, bien peu le cache l'agencement du vétement: ou, s'il est caché, il l'est en sorte, que lon le cuide plus beau et delicat. Le sein aparoit de tant plus beau, qu'il semble qu'elles ne le veuillent estre vù: les mamelles en leur rondeur relevees font donner un peu d'air au large estomac. Au reste, la robbe bien jointe, le corps estreci ou il le faut: les manches serrees, si le bras est massif: si non, larges et bien enrichies: la chausse tiree: l'escarpin façonnant le petit pié (car le plus souvent l'amoureuse curiosité des hommes fait rechercher la beauté jusques au bout des piez:) tant de pommes d'or, chaines, bagues, ceintures, pendans, gans parfumez, manchons: et en somme tout ce qui est de beau, soit à l'acoutrement des hommes ou des femmes, Amour en est l'auteur. Et s'il ha si bien travaillé pour contenter les yeus, il n'a moins fait aus autres sentimens: mais les ha tous emmiellez de nouvelle et propre douceur. Les fleurs que tu fiz, ô Jupiter, naitre es mois de l'an les plus chaus, sont entre les hommes faites hybernalles: les arbres, plantes, herbages, qu'avois distribuez en divers païs, sont par l'estude de ceus qui veulent plaire à leurs amies, rassemblez en un verger: et quelquefois suis contreint [1], pour ayder à leur afeccion, leur departir plus de chaleur que le païs ne le requerroit. Et tout le proufit de ce, n'est que se ramentevoir par ces petis presens en la bonne grace de ces amis et amies. Diray je que la Musique n'a esté inventee que par Amour? et est le chant et harmonie l'effect et signe de l'Amour parfait. Les hommes en usent ou pour adoucir leurs desirs enflammez, ou pour donner

1. C'est Apollon, dieu solaire, qui parle ici à la première personne.

plaisir : pour lequel diversifier tous les jours ils inventent nouveaus et divers instrumens de Luts, Lyres, Citres, Doucines, Violons, Espinettes, Flutes, Cornets : chantent tous le jours diverses chansons : et viendront à inventer madrigalles, sonnets, pavanes, passemeses, gaillardes, et tout en commemoracion d'Amour : comme celui, pour lequel les hommes font plus que pour nul autre. C'est pour lui que lon fait des serenades, aubades, tournois, combats tant à pié qu'à cheval. En toutes lesquelles entreprises ne se treuvent que jeunes gens amoureus : ou s'ils s'en treuvent autres meslez parmi, ceux qui ayment emportent tousjours le pris, et en remercient les Dames, desquelles ils ont porté les faveurs. Là aussi se raporteront les Comedies, Tragedies, Jeux, Montres, Masques, Moresques. Dequoy allege un voyageur son travail, que lui cause le long chemin, qu'en chantant quelque chanson d'Amour, ou escoutant de son compagnon quelque conte et fortune amoureuse ? L'un loue le bon traitement de s'amie : l'autre se pleint de la cruauté de la sienne. Et mile accidens, qui interviennent en amours : lettres descouvertes, mauvais raports, quelque voisine jalouse, quelque mari qui revient plus tot que lon ne voudroit : quelquefois s'apercevant de ce qui se fait : quelquefois n'en croyant rien, se fiant sur la preudhommie de sa femme : et à fois eschaper un souspir avec un changement de parler : puis force excuses. Brief, le plus grand plaisir qui soit apres amour, c'est d'en parler [1]. Ainsi passoit son chemin Apulee, quelque Filozofe qu'il fust [2]. Ainsi prennent les plus severes hommes plaisir d'ouir parler de ces propos, encores qu'ils ne le veuillent confesser. Mais qui fait tant de Poëtes au monde en toutes langues ? n'est ce pas Amour ? lequel semble estre le suget, duquel tous Poëtes veulent parler. Et qui me fait attribuer la poësie à Amour : ou dire, pour le moins, qu'elle est bien aydee et entretenue par son moyen ? c'est qu'incontinent que les hommes commencent d'aymer, ils escrivent vers. Et ceus qui ont esté excellens Poëtes, ou en ont tout rempli leurs

1. Tel est bien le sujet du *Banquet;* et tel sera celui de la poésie amoureuse de Louise Labé.

2. Apulée, auteur de l'*Ane d'or*.

livres, ou, quelque autre suget qu'ils ayent pris, n'ont osé toutefois achever leur euvre sans en faire honorable mencion. Orphee, Musee, Homere, Line, Alcee, Saphon [1], et autres Poëtes et Filozofes : comme Platon, et celui qui ha ù le nom de Sage [2], ha descrit ses plus hautes concepcions en forme d'amourettes. Et plusieurs autres escriveins voulans descrire autres invencions, les ont cachées sous semblables propos. C'est Cupidon qui ha gaigné ce point, qu'il faut que chacun chante ou ses passions, ou celles d'autrui, ou couvre ses discours d'Amour, sachant qu'il n'y ha rien, qui le puisse faire mieus este reçu. Ovide ha tousjours dit qu'il aymoit. Petrarque en son langage ha fait sa seule afeccion aprocher à la gloire de celui, qui ha representé toutes les passions, coutumes, façons, et natures de tous les hommes, qui est Homere. Qu'a jamais mieus chanté Virgile, que les amours de la Dame de Carthage [3]? ce lieu seroit long, qui voudroit le traiter comme il meriteroit. Mais il me semble qu'il ne se peut nier, que l'Amour ne soit cause aus hommes de gloire, honneur, proufit, plaisir : et tel, que sans lui ne se peut commodément vivre. Pource est il estimé entre les humains, l'honorans et aymans, comme celui qui leur ha procuré tout bien et plaisir. Ce qui lui ha esté bien aisé, tant qu'il ha ù ses yeus. Mais aujourdhui, qu'il en est privé, si Folie se mesle de ses afaires, il est à creindre, et quasi inevitable, qu'il ne soit cause d'autant de vilenie, incommodité, et desplaisir, comme il ha esté par le passé d'honneur, proufit, et volupté. Les grans qu'Amour contreingnoit aymer les petis et les sugetz qui estoient sous eus, changeront en sorte qu'ils n'aymeront plus que ceus dont ils en penseront tirer service. Les petits, qui aymoient leurs Princes et Signeurs, les aymeront seulement pour faire leurs besongnes, en esperance de se retirer quand ils seront pleins. Car ou Amour voudra faire cette harmonie entre les hautes et basses personnes, Folie

1. Line : Linos poète et musicien, rival d'Apollon ; Saphon : Sappho. Voir notre Introduction sur les rapports entre L. Labé et la poétesse grecque.

2. Allusion à Socrate, le Sage par excellence.

3. la Dame de Carthage : Didon.

se trouvera pres, qui l'empeschera : et encore es lieus ou il se sera ataché. Quelque bon et innocent qu'il soit, Folie lui meslera de son naturel [1] : tellement que ceus qui aymeront, feront tousjours quelque tour de fol. Et plus les amitiez seront estroites, plus s'y trouvera il de desordre quand Folie s'y mettra. Il retournera plus d'une Semiramis, plus d'une Biblis, d'une Mirrha, d'une Canace, d'une Phedra [2]. Il n'y aura lieu saint au monde. Les hauts murs et treilliz garderont mal les Vestales. La vieillesse tournera son venerable et paternel amour, en fols et juvenils desirs. Honte se perdra du tout. Il n'y aura discrecion entre noble, païsant, infidele, ou More [3], Dame, maitresse, servante. Les parties seront si inegales, que les belles ne rencontreront les beaus, ains seront conjointes le plus souvent avec leurs dissemblables. Grands Dames aymeront quelquefois ceus dont ne daigneroient estre servies. Les gens d'esprit s'abuseront autour des plus laides. Et quand les povres et loyaus amans auront langui de l'amour de quelque belle : lors Folie fera jouir quelque avolé en moins d'une heure du bien ou l'autre n'aura pù ateindre. Je laisse les noises et querelles, qu'elle dressera par tout, dont s'en ensuivra blessures, outrages, et meurtres. Et ay belle peur, qu'au lieu, ou Amour ha inventé tant de sciences, et produit tant de bien, qu'elle n'ameine avec soy quelque grande oisiveté acompagnee d'ignorance : qu'elle n'empesche les jeunes gens de suivre les armes et de faire service à leur Prince : ou de vaquer à estudes honorables : qu'elle ne leur mesle leur amour de paroles detestables, chansons trop vileines, ivrongnerie et gourmandise : qu'elle ne leur suscite mile maladies, et mette en infiniz dangers de leurs personnes. Car il n'y ha point de plus dangereuse compagnie que de Folie. Voila les maus qui sont à creindre, si Folie se trouve autour

1. Folie lui meslera de son naturel : la Folie lui communiquera une part de sa nature.

2. On a ici un répertoire d'amours incestueuses. Sémiramis, reine de Babylone, fut amoureuse de son propre fils (cf. *Élégie* I, vv. 61-90). Biblis s'éprit de son frère Caunus ; Mirrha, de son père, Cynire ; Canace, de son frère Macarée ; et Phèdre, de son beau-fils, Hippolyte.

3. More : synonyme d'infidèle.

d'Amour. Et s'il avenoit que cette meschante le voulust empescher ça haut [1], que Venus ne voulust plus rendre un dous aspect avec nous autres, que Mercure ne voulust plus entretenir nos alliances, quelle confusion y auroit il? Mais j'ay promis ne parler que de ce qui se fait en terre. Or donq, Jupiter, qui t'apeles pere des hommes, qui leur es auteur de tout bien, leur donnes la pluie quand elle est requise, seiches l'humidité superabondante : considere ces maus qui sont preparez aus hommes, si Folie n'est separee d'Amour. Laisse Amour se resjouir en paix entre les hommes : qu'il soit loisible à un chacun de converser privément et domestiquement les personnes qu'il aymera, sans que personne en ait creinte ou soupson : que les nuits ne chassent, sous pretexte des mauvaises langues, l'ami de la maison de s'amie : que lon puisse mener la femme de son ami, voisin, parent, ou bon semblera, en telle seurté que l'honneur de l'un ou l'autre n'en soit en rien ofensé. Et à ce que personne n'ait plus mal en teste, quand il verra telles privautez, fais publier par toute la Terre, non à son de trompe ou par ataches mises aus portes des temples, mais en mettant au cœur de tous ceus qui regarderont les Amans, qu'il n'est possible qu'ils vousissent [2] faire ou penser quelque Folie. Ainsi auras tu mis tel ordre au fait avenu, que les hommes auront ocasion de te louer et magnifier plus que jamais, et feras beaucoup pour toy et pour nous. Car tu nous auras delivrez d'une infinité de pleintes, qui autrement nous seront faites par les hommes, des esclandres que Folie amoureuse fera au monde. Ou bien si tu aymes mieus remettre les choses en l'estat qu'elles estoient, contreins les Parques et Destinees (si tu y as quelque pouvoir) de retourner leurs fuseaus, et faire en sorte qu'à ton commandement, et à ma priere, et pour l'amour de Venus, que tu as jusques ici tant cherie et aymee, et pour les plaisirs et contentemens que tous tant que nous sommes, avons reçuz et recevons d'Amour, elles ordonnent, que les yeus seront rendus à Cupidon, et la bande otee : à ce que le puissions

1. ça haut : ici, sur l'Olympe.
2. vousissent : voulussent.

voir encore un coup en son bel et naïf estre, piteus de tous les cotez dont on le sauroit regarder, et riant d'un seulement [1]. O Parques, ne soyez à ce coup inexorables que lon ne die que vos fuseaux ont esté ministres de la cruelle vengeance de Folie. Ceci n'empeschera point la suite des choses à venir. Jupiter composera tous ces trois jours en un, comme il fit les trois nuits, qu'il fut avec Alcmene [2]. Je vous apelle, vous autres Dieus, et vous Deesses, qui tant avez porté et portez d'honneur à Venus. Voici l'endroit ou lui pouvez rendre les faveurs que d'elle avez reçues. Mais de qui plus dois je esperer, que de toy, Jupiter? laisseras tu plorer en vain la plus belle des Deesses? n'auras tu pitié de l'angoisse qu'endure ce povre enfant dine de meilleure fortune? Aurons nous perdu nos veuz et prieres? Si celles des hommes te peuvent forcer et t'ont fait plusieurs fois tomber des mains, sans mal faire, la foudre que tu avois contre eus preparee : quel pouvoir auront les notres, ausquels as communiqué ta puissance et autorité? Et te prians pour personnes, pour lesquelles toymesme (si tu ne tenois le lieu de commander) prierois volontiers : et en la faveur desquelles (si je puis savoir quelque secret des choses futures) feras, possible, apres certeines revolucions, plus que ne demandons, assugetissant à perpetuité Folie à Amour, et le faisant plus cler voyant que nul autre des Dieus. J'ay dit.

1. souffrant de tous maux pour jouir d'un seul bien.

2. Jupiter prolongea la nuit qu'il passa avec Alcmène, épouse d'Amphitryon. C'est bien la preuve qu'il peut rétablir l'ordre cosmique en supprimant l'épisode regrettable de l'Amour aveugle.

Incontinent qu'Apolon ut fini son acusacion, toute la compagnie des Dieus par un fremissement, se montra avoir compassion de la belle Deesse là presente, et de Cupidon son fils. Et ussent volontiers tout sur lheure condamné la Deesse Folie : Quand l'equitable Jupiter par une magesté Imperiale leur commanda silence, pour ouir la defense de Folie enchargée à Mercure, lequel commença à parler ainsi :

MERCURE. — N'atendez point, Jupiter, et vous autres Dieus immortels, que je commence mon oraison par excuses (comme quelquefois font les Orateurs, qui creingnent estre blamez, quand ils soutiennent des causes apertement mauvaises) de ce qu'ay pris en main la defense de Folie, et mesmes contre Cupidon, auquel ay en plusieurs endrois porté tant d'obeïssance, qu'il auroit raison de m'estimer tout sien : et ay tant aymé la mere, que n'ay jamais espargné mes allees et venues, tant qu'ay pensé lui faire quelque chose agreable. La cause, que je defens, est si juste, que ceus mesmes qui ont parlé au contraire, apres m'avoir ouy, changeront d'opinion. L'issue du diferent, comme j'espere, sera telle, que mesme Amour quelque jour me remercira de ce service, que contre lui je fay à Folie. Cette question est entre deus amis, qui ne sont pas si outrez l'un envers l'autre, que quelque matin ne se puissent reconcilier, et prendre plaisir l'un de l'autre, comme au paravant. Si à l'apetit de l'un, vous chassez l'autre, quand ce desir de vengeance sera passé (laquelle incontinent qu'elle est achevee commence à desplaire :) si vous ordonnez quelque cas contre Folie, Amour en aura le premier regret. Et n'estoit cette ancienne amitié et aliance de ces deus, meintenant aversaires, qui les faisoit si uniz et conjoins, que jamais n'avez fait faveur à l'un, que l'autre ne s'en soit senti : je me defierois bien que puissiez donner bon ordre sur ce diferent, ayans tous suivi Amour fors Pallas [1] : laquelle estant ennemie capitale de Folie, ne seroit raison qu'elle voulust juger sa cause. Et toutefois n'est Folie si inconnue ceans, qu'elle ne se ressente d'avoir souventefois esté la bien venue, vous aportant tousjours avec sa troupe quelques cas de nouveau pour rendre vos banquets et festins plus plaisans. Et pense que tous ceus de vous, qui ont aymé, ont aussi bonne souvenance d'elle, que de Cupidon mesme. Davantage elle vous croit tous si equitables et raisonnables, qu'encore que ce fait fust le votre propre, si n'en feriez vous que la raison [2]. J'ay trois choses à faire. Defendre la teste de Folie, contre laquelle Amour ha juré; respondre aus acusacions que j'entens estre faites à Folie : et à la demande qu'il fait de ses yeus. Apolon, qui ha si long tems ouy les causeurs à Romme, ha bien retenu d'eus à conter tousjours à son avantage. Mais Folie, comme elle est tousjours ouverte, ne veut point que j'en dissimule rien : et ne vous en veut dire qu'un mot, sans art, sans fard et ornement quelconque. Et, à la pure verité, Folie se jouant avec Amour, ha passé devant lui pour gaigner le devant, et pour venir plus tot vous donner plaisir. Amour est entré en colere. Lui et elle se sont pris de paroles. Amour l'a taché navrer de ses armes qu'il portoit. Folie s'est defendue des siennes, dont elle ne s'estoit chargee pour blesser personne, mais pource que ordinairement elle les porte. Car, comme vous savez, ainsi qu'Amour tire au cœur, Folie aussi se gette aus yeus et à la teste, et n'a autres armes que ses doits. Amour ha voulu montrer qu'il avoit puissance sur le cœur d'elle. Elle lui ha fait connoitre qu'elle avoit

1. Athéna-Pallas est la seule qui n'ait pas connu l'Amour.

2. Si n'en feriez vous que la raison : vous ne sauriez agir que de façon raisonnable.

puissance de lui oter les yeus. Il ne se pleingnoit que de la deformité de son visage. Elle esmue de pitié la lui ha couvert d'une bande à ce que lon n'aperçust deus trous vuides d'iceus, enlaidissans sa face. On dit que Folie ha fait double injure à Amour: premierement, de lui avoir crevé les yeus: secondement, de lui avoir mis ce bandeau. On exaggere le crime fait à une personne aymee d'une personne, dont plusieurs ont afaire. Il faut respondre à ces deus injures. Quant à la premiere, Je dy : que les loix et raisons humaines ont permis à tous se defendre contre ceus qui les voudroient ofenser, tellement que ce, que chacun fait en se defendant, est estimé bien et justement fait. Amour ha esté l'agresseur. Car combien que Folie ait premierement parlé à Amour, ce n'estoit toutefois pour quereler, mais pour s'esbatre, et se jouer à lui. Folie s'est defendue. Duquel coté est le tort? Quand elle lui ust pis fait, je ne voy point comment on lui en ust pù rien demander. Et si ne voulez croire qu'Amour ait esté l'agresseur, interroguez le. Vous verrez qu'il reconnoitra verité. Et n'est chose incroyable en son endroit de commencer tels brouilliz. Ce n'est d'aujourdhui, qu'il ha esté si insuportable, quand bon lui ha semblé. Ne s'ataqua il pas à Mars, qui regardoit Vulcan forgeant des armes, et tout soudein le blessa [1] ? et n'y ha celui de cette compagnie, qui n'ait esté quelquefois las d'ouir ces bravades. Folie rit tousjours, ne pense si avant aus choses, ne marche si avant pour estre la premiere, mais pource qu'elle est plus pronte et hative. Je ne say que sert d'alleguer la coutume toleree à Cupidon de tirer de son arc ou bon lui semble. Car quelle loy ha il plus de tirer à Folie, que Folie n'a de s'adresser à Amour? Il ne lui ha fait mal : neanmoins il s'en est mis en son plein devoir. Quel mal ha fait Folie, rengeant Amour, en sorte qu'il ne peut plus nuire, si ce n'est d'aventure ? Que se treuve il en eus de capital [2] ? y ha il quelque guet à pens, ports darmes, congregacions illicites, ou autres choses qui

1. Cf. *Discours* I, p. 49.
2. Que se treuve il en eus de capital ? : qu'y a-t-il de si important dans leur querelle ?

puissent tourner au desordre de la Republique ? C'estoit Folie et un enfant, auquel ne falloit avoir egard. Je ne say comment te prendre [1] en cet endroit, Apolon. S'il est si ancien, il doit avoir apris à estre plus modeste, qu'il n'est : et s'il est jeune, aussi est Folie jeune, et fille de Jeunesse. A cette cause, celui qui est blessé, en doit demeurer là. Et dorenavant que personne ne se prenne à Folie. Car elle ha, quand bon lui semblera, dequoy venger ses injures : et, n'est de si petit lieu [2], qu'elle doive soufrir les jeunesses de Cupidon. Quant à la seconde injure, que Folie lui ha mis un bandeau, ceci est une pure calomnie. Car en lui bandant le dessous du front, Folie jamais ne pensa lui agrandir son mal, ou lui oter le remede de guerir. Et quel meilleur témoignage faut il, que de Cupidon mesme ? Il a trouvé bon d'estre bandé : il ha connu qu'il avoit esté agresseur, et que l'injure provenoit de lui : il ha reçu cette faveur de Folie. Mais il ne savoit pas qu'il fust de tel pouvoir. Et quand il ust sù, que lui ust nuy de le prendre ? Il ne lui devoit jamais estre oté : par consequent donq ne lui devoient estre ses yeus rendus. Si ses yeus ne lui devoient estre rendus, que lui nuit le bandeau ? Que bien tu te montres ingrat à ce coup, fils de Venus, quand tu calomnies le bon vouloir que t'ay porté, et interpretes à mal ce que je t'ay fait [3] pour bien. Pour agraver le fait, on dit que c'estoit en lieu de franchise. Aussi estoit ce en lieu de franchise, qu'Amour avoit assailli. Les autels et temples ne sont inventez à ce qu'il soit loisible aus meschans d'y tuer les bons, mais pour sauver les infortunez de la fureur du peuple, ou du courrous d'un Prince. Mais celui qui pollue la franchise, n'en doit il perdre le fruit ? S'il ust bien succedé à Amour, comme il vouloit, et ust blessé cette Dame, je croy qu'il n'ust pas voulu que lon lui eust imputé ceci. Le semblable faut qu'il treuve bon en autrui [4]. Folie m'a defendu que ne la fisse miserable, que ne vous suppliasse pour lui par-

1. te prendre : te comprendre.
2. de si petit lieu : de si basse condition.
3. Orthographe rectifiée dans l'*erratum* de 1555.
4. Ce qu'il trouve condamnable en autrui doit l'être tout autant pour lui-même.

donner, si faute y avoit : m'a defendu le plorer, n'embrasser vos genous, vous adjurer par les gracieus yeus, que quelquefois avez trouvez agreables venans d'elle, ny amener ses parens, enfans, amis, pour vous esmouvoir à pitié. Elle vous demande ce que ne lui pouvez refuser, qu'il soit dit : qu'Amour par sa faute mesme est devenu aveugle. Le second point qu'Apolon ha touché, c'est qu'il veut estre faites defenses à Folie de n'aprocher dorenavant Amour de cent pas à la ronde. Et ha fondé sa raison sur ce, qu'estant en honneur et reputacion entre les hommes, leur causant beaucoup de bien et plaisirs, si Folie y estoit meslee, tout tourneroit au contraire. Mon intencion sera de montrer qu'en tout cela Folie n'est rien inferieure à Amour, et qu'Amour ne seroit rien sans elle : et ne peut estre, et regner sans son ayde. Et pource qu'Amour ha commencé à montrer sa grandeur par son ancienneté, je feray le semblable : et vous prieray reduire en memoire comme incontinent que l'homme fut mis sur terre, il commença sa vie par Folie : et depuis ses successeurs ont si bien continué, que jamais Dame n'ut tant bon credit au monde. Vray est qu'au commencement les hommes ne faisoient point de hautes folies, aussi n'avoient ils encores aucuns exemples devant eus. Mais leur folie estoit à courir l'un apres l'autre : à monter sus un arbre pour voir de plus loin : rouler en la vallee : à menger tout leur fruit en un coup : tellement que l'hiver n'avoient que menger. Petit à petit ha cru Folie avec le tems. Les plus esventez d'entre eus, ou pour avoir rescous [1] des loups et autres bestes sauvages, les brebis de leurs voisins et compagnons, ou pour avoir defendu quelcun d'estre outragé, ou pource qu'ils se sentoient ou plus forts, ou plus beaus, se sont fait couronner Rois de quelque feuillage de Chesne. Et croissant l'ambicion, non des Rois, qui gardoient fort bien en ce tems les Moutons, Beufs, Truies et Asnesses, mais de quelques mauvais garnimens qui les suivoient, leur vivre a esté separé du commun. Il ha fallu que les viandes fussent plus delicates, l'habillement plus magnifique. Si les autres usoient

1. pour avoir rescous : pour avoir secouru, sauvé.

de laiton, ils ont cherché un metal plus precieus, qui est l'or. Ou l'or estoit commun, ils l'ont enrichi de Perles, Rubis, Diamans, et de toutes sortes de pierreries. Et, ou est la plus grand'Folie, si le commun ha ù une loy, les grans en ont pris d'autres pour eus. Ce qu'ils ont estimé n'estre licite aus autres, se sont pensé estre permis. Folie ha premierement mis en teste à quelcun de se faire creindre : Folie ha fait les autres obéïr. Folie ha inventé toute l'excellence, magnificence, et grandeur, qui depuis à cette cause s'en est ensuivie. Et neanmoins, qui ha il plus venerable entre les hommes, que ceus qui commandent aus autres ? Toymesme, Jupiter, les apelles pasteurs de Peuples [1] : veus qu'il leur soit obeï sous peine de la vie : et neanmoins l'origine est venue par cette Dame. Mais ainsi que tousjours as acoutumé faire, tu as converti à bien ce que les hommes avoient inventé à mal. Mais, pour retourner à mon propos, quels hommes sont plus honorez que les fols ? Qui fut plus fol qu'Alexandre, qui se sentant soufrir faim, soif, et quelquefois ne pouvant cacher son vin [2], suget à estre malade et blessé, neanmoins se faisoit adorer comme Dieu ? Et quel nom est plus celebre entre les Rois : quelles gens ont esté pour un tems en plus grande reputacion, que les Filozofes ? Si en trouverez vous peu, qui n'ayent esté abruvez de Folie. Combien pensez vous qu'elle ait de fois remué le cerveau de Chrysippe [3] ? Aristote ne mourut il de dueil, comme un fol, ne pouvant entendre la cause du flus et reflus de l'Euripe [4] ? Crate, getant son tresor en la mer, ne fit il un sage tour [5] ? Empedocle qui se fust fait immortel sans ses sabots d'erain, en avoit il ce qui lui en failloit [6] ? Diogene

1. « pasteurs de Peuples » : cf. Rabelais (*Tiers Livre,* chapitre I) qui cite deux fois Homère à propos des rois « mangeurs de peuples » et « ornateurs de peuples ».

2. cacher son vin : dissimuler son état.

3. Chrysippe aurait écrit plusieurs centaines de traités de dialectique.

4. L'Euripe est le bras de mer qui sépare l'Eubée de la Béotie. Cf. sonnet XIII, v. 7.

5. Cratès aurait, sur les conseils de son maître, Diogène le Cynique, jeté sa fortune à la mer.

6. Empédocle voulut se rendre immortel en se jetant dans le cratère

avec son tonneau : et Aristippe qui se pensoit grand Filosofe [1], se sachant bien ouy d'un grand Signeur, estoient ils sages ? Je croy qui regarderoit bien avant leurs opinions, que lon les trouveroit aussi crues, comme leurs cerveaus estoient mal faits. Combien y ha il d'autres sciences au monde, lesquelles ne sont que pure resverie ? encore que ceus qui en font professions, soient estimez grans personnages entre les hommes ? Ceus qui font des maisons au Ciel, ces geteurs de points, faiseurs de characteres [2], et autres semblables, ne doivent ils estre mis en ce reng ? N'est à estimer cette fole curiosité de mesurer le Ciel, les Estoiles, les Mers, la Terre, consumer son tems à conter, getter, aprendre mile petites questions, qui de soy sont foles : mais neanmo ns resjouissent l'esprit : le font aparoir grand et subtil autant que si c'estoit en quelque cas d'importance. Je n'auroy jamais fait [3], si je voulois raconter combien d'honneur et de reputacion tous les jours se donne à cette Dame, de laquelle vous dites tant de mal. Mais pour le dire en un mot : Mettez moy au monde un homme totalement sage d'un coté, et un fol de l'autre : et prenez garde lequel sera plus estimé. Monsieur le sage atendra que lon le prie, et demeurera avec sa sagesse tout seul, sans que lon l'apelle à gouverner les Viles, sans que lon l'apelle en conseil : il voudra escouter, aller posément ou il sera mandé : et on ha afaire de gens [4] qui soient pronts et diligens, qui faillent plus tot que demeurer en chemin. Il aura tout loisir d'aller planter des chous. Le fol ira tant et viendra, en donnera tant à tort et à travers, qu'il rencontrera en fin quelque cerveau pareil au sien qui le poussera : et se fera estimer grand homme. Le fol se mettra entre dix mile harquebuzades, et

de l'Etna. L'expression « en avoit il ce qui lui en failloit » signifie : avait-il autant de sagesse qu'il lui en aurait fallu ?

1. A propos de Diogène et de son tonneau, voir Rabelais, Prologue du *Tiers Livre*. Aristippe se croyait grand philosophe parce qu'il avait toute l'attention de Denys le tyran. Tous les exemples précédents semblent tirés des *Vies* de Diogène Laërce.

2. Les astrologues dessinent des zones célestes ; les magiciens jouent avec des jetons ; les sorciers fabriquent des talismans.

3. Je n'auroy jamais fait : je n'en aurai jamais fini.

4. on ha afaire : on a besoin.

possible en eschapera : il sera estimé, loué, prisé, suivi d'un chacun. Il dressera quelque entreprise escervelee, de laquelle s'il retourne, il sera mis jusques au ciel. Et trouverez vray, en somme, que pour un homme sage, dont on parlera au monde, y en aura dix mile fols qui seront à la vogue du peuple. Ne vous sufit il de ceci ? assembleráy je les maus qui seroient au monde sans Folie, et les commoditez qui provienment d'elle ? Que dureroit mesme le monde, si elle n'empeschoit que lon ne previt les facheries et hazars qui sont en mariage ? Elle empesche que lon ne les voye et les cache : à fin que le monde se peuple tousjours à la maniere acoutumee. Combien dureroient peu aucuns mariages, si la sottise des hommes ou des femmes laissoit voir les vices qui y sont ? Qui ust traversé les mers, sans avoir Folie pour guide ? se commettre à la misericorde des vents, des vagues, des bancs, et rochers, perdre la terre de vuë, aller par voyes inconnues, trafiquer avec gens barbares et inhumains, dont est il premierement venu, que de Folie ? Et toutefois par là, sont communiquees les richesses d'un païs à autre, les sciences, les façons de faire, et ha esté connue la terre, les proprietez, et natures des herbes, pierres et animaus. Quelle folie fust ce d'aller sous terre chercher le fer et l'or ? combien de mestiers faudroit il chasser du monde, si Folie en estoit bannie ? la plus part des hommes mourroient de faim : Dequoy vivroient tant d'Avocats, Procureurs, Greffiers, Sergens, Juges, Menestriers, Farseurs, Parfumeurs, Brodeurs, et dix mile autres mestiers ? Et pource qu'Amour s'est voulu munir, tant qu'il ha pù, de la faveur d'un chacun, pour faire trouver mauvais que par moy seule il ait reçu quelque infortune, c'est bien raison qu'apres avoir ouy toutes ses vanteries, je lui conte à la verité de mon fait. Le plaisir, qui provient d'Amour, consiste quelquefois ou en une seule personne, ou bien, pour le plus, en deus, qui sont, l'amant et l'amie. Mais le plaisir que Folie donne, n'a si petites bornes. D'un mesme passetems elle fera rire une grande compagnie. Autrefois [1] elle fera rire un homme seul de quelque pen-

1. Autrefois : Une autre fois.

see, qui sera venue donner à la traverse. Le plaisir que donne Amour, est caché et secret : celui de Folie se communique à tout le monde. Il est si recreatif, que le seul nom esgaie une personne. Qui verra un homme enfariné avec une bosse derriere entrer en salle, ayant une contenance de fol, ne rira il incontinent ? Que lon nomme quelque fol insigne, vous verrez qu'à ce nom quelcun se resjouira, et ne pourra tenir le rire. Tous autres actes de Folie sont tels, que lon ne peut en parler sans sentir au cœur quelque allegresse, qui desfache un homme et le provoque à rire. Au contraire, les choses sages et bien composees, nous tiennent premierement en admiracion : puis nous soulent et ennuient. Et ne nous feront tant de bien, quelques grandes que soient et cerimonieuses, les assemblees des grans Seigneurs et sages, que fera quelque folatre compagnie de jeunes gens deliberez, et qui n'auront ensemble nul respet et consideracion. Seulement icelle voir, resveille les esprits de l'ame, et les rend plus dispos à faire leurs naturelles operacions : Ou, quand on sort de ces sages assemblees, la teste fait mal : on est las tant d'esprit que de corps, encore que lon ne soit bougé de sus une sellette. Toutefois, ne faut estimer que les actes de Folie soient tousjours ainsi legers comme le saut des Bergers, qu'ils font pour l'amour de leurs amies : ny aussi deliberez comme les petites gayetez des Satires : ou comme les petites ruses que font les Pastourelles, quand elles font tomber ceus qui passent devant elles, leur donnant par derriere la jambette, ou leur chatouillant leur sommeil avec quelque branche de chesne. Elle en ha, qui sont plus severes, faits avec grande premeditacion, avec grand artifice, et par les esprits plus ingenieus. Telles sont les Tragedies que les garçons des vilages premierement inventerent : puis furent avec plus heureus soin aportees es viles. Les Comedies ont de là pris leur source. La saltacion n'a ù autre origine : qui est une representacion faite si au vif de plusieurs et diverses histoires, que celui, qui n'oit la voix des chantres, qui acompaignent les mines du joueur, entent toutefois non seulement l'histoire, mais les passions et mouvemens : et pense entendre les paroles qui sont convenables et propres en tels actes :

et, comme disoit quelcun, leurs piez et mains parlans. Les Bouffons qui courent le monde, en tiennent quelque chose. Qui me pourra dire, s'il y a chose plus fole, que les anciennes fables contenues es Tragedies, Comedies, et Saltacions ? Et comment se peuvent exempter d'estre nommez fols, ceus qui les representent, ayans pris, et prenans tant de peines à se faire sembler autres qu'ils ne sont ? Est il besoin reciter les autres passetems, qu'a inventez Folie pour garder les hommes de languir en oisiveté ? N'a elle fait faire les somptueus Palais, Theatres, et Amphitheatres de magnificence incroyable, pour laisser témoignage de quelle sorte de folie chacun en son tems s'esbatoit ? N'a elle esté inventrice des Gladiateurs, Luiteurs, et Athletes ? N'a elle donné la hardiesse et dexterité telle à l'homme, que d'oser, et pouvoir combatre sans armes un Lion, sans autre necessité ou atente, que pour estre en la grace et faveur du peuple ? Tant y en ha qui assaillent les Taureaus, Sangliers, et autres bestes, pour avoir l'honneur de passer les autres en folie : qui est un combat, qui dure non seulement entre ceus qui vivent de mesme tems, mais des successeurs avec leurs predecesseurs. N'estoit ce un plaisant combat d'Antoine avec Cleopatra, à qui dépendroit le plus en un festin [1] ? Et tout celà seroit peu, si les hommes ne trouvans en ce monde plus fols qu'eus, ne dressoient querelle contre les morts. Cesar se fachoit qu'il n'avoit encore commencé à troubler le monde en l'aage, qu'Alexandre le grand en avoit vaincu une grande partie. Combien Luculle [2] et autres, ont ils laissé d'imitateurs, qui ont taché à les passer, soit à traiter les hommes en grand apareil, à amonceler les plaines, aplanir les montaignes, seicher les lacs, mettre ponts sur les mers (comme Claude Empereur [3]), faire Colosses de bronze et pierre, arcs trionfans, Pyramides ? Et de cette magnifique folie en demeure un long tems

1. Antoine et Cléopâtre avait fait un concours bien agréable : c'était à qui dépenserait le plus pour un festin.

2. Lucullus, le célèbre gastronome, traitait ses invités avec des fastes inouïs.

3. L'empereur Claude était né à Lyon ; de là peut-être l'intérêt que manifeste Louise Labé à son égard.

grand plaisir entre les hommes, qui se destournent de leur chemin, font voyages expres, pour avoir le contentement de ces vieilles folies. En somme, sans cette bonne Dame l'homme seicheroit et seroit lourd, malplaisant et songeart. Mais Folie lui esveille l'esprit, fait chanter, danser, sauter, habiller en mile façons nouvelles, lesquelles changent de demi an en demi an, avec tousjours quelque aparence de raison, et pour quelque commodité. Si lon invente un habit joint et rond, on dit qu'il est plus seant et propre : quand il est ample et large, plus honneste. Et pour ces petites folies, et invencions, qui sont tant en habillemens qu'en contenances et façons de faire, l'homme en est mieus venu, et plus agreable aus Dames. Et comme j'ay dit des hommes, il y aura grand' diference entre le recueil que trouvera un fol, et un sage. Le sage sera laissé sur les livres, ou avec quelques anciennes matrones à deviser de la dissolucion des habits, des maladies qui courent, ou à demesler quelque longue genealogie. Les jeunes Dames ne cesseront qu'elles n'ayent en leur compagnie ce gay et joly cerveau. Et combien qu'il en pousse l'une, pinse l'autre, descoiffe, leve la cotte, et leur face mile maus : si le chercheront elles tousjours. Et quand ce viendra à faire comparaison des deus, le sage sera loué d'elles, mais le fol jouira du fruit de leurs privautez. Vous verrez les Sages mesmes, encore qu'il soit dit que lon cherche son semblable, tomber de ce coté. Quand ils feront quelque assemblee, tousjours donneront charge que les plus fols y soient, n'estimant pouvoir estre bonne compagnie, s'il n'y ha quelque fol pour resveiller les autres. Et combien qu'ils s'excusent sur les femmes et jeunes gens, si ne peuvent ils dissimuler le plaisir qu'ils y prennent, s'adressant tousjours à eus, et leur faisant visage plus riant, qu'aus autres. Que te semble de Folie, Jupiter ? Est elle telle, qu'il la faille ensevelir sous le mont Gibel [1], ou exposer au lieu de Promethee, sur le mont de Caucase ? Est il raisonnable la priver de toutes bonnes compagnies, ou Amour sachant qu'elle sera, pour

1. Nouvelle allusion au géant Typhée enseveli sous l'Etna (Mont Gibel).

la facher y viendra, et conviendra que Folie, qui n'est rien moins qu'Amour, lui quitte la place? S'il ne veut estre avec Folie, qu'il se garde de s'y trouver. Mais que cette peine, de ne s'assembler point, tombe sur elle, ce n'est raison. Quel propos y auroit il, qu'elle ust rendu une compagnie gaie et deliberee, et que sur ce bon point la fallust desloger? Encore s'il demandoit que le premier qui auroit pris la place, ne fust empesché par l'autre, et que ce fust au premier venu, il y auroit quelque raison. Mais je lui montreray que jamais Amour ne fut sans la fille de Jeunesse, et ne peut estre autrement: et le grand dommage d'Amour, s'il avoit ce qu'il demande [1]. Mais c'est une petite colere, qui lui ronge le cerveau, qui lui fait avoir ces estranges afeccions: lesquelles cesseront quand il sera un peu refroidi. Et pour commencer à la belle premiere naissance d'Amour, qui ha il plus despourvu de sens, que la personne à la moindre ocasion du monde vienne en Amour, en recevant une pomme comme Cydipee [2]? en lisant un livre, comme la Dame Francisque de Rimini [3]? en voyant, en passant, se rende si tot serve et esclave, et conçoive esperance de quelque grand bien sans savoir s'il en y ha? Dire que c'est la force de l'œil de la chose aymee, et que de là sort une sutile evaporacion, ou sang, que nos yeus reçoivent, et entre jusques au cœur: ou, comme pour loger un nouvel hoste, faut pour lui trouver sa place, mettre tout en desordre. Je say que chacun le dit [4]: mais, s'il est vray, j'en doute. Car plusieurs ont aymé sans avoir ù cette occasion, comme le jeune Gnidien, qui ayma l'euvre fait par Praxitelle [5]. Quelle influxion pouvoit il recevoir d'un œil marbrin?

1. la pire chose qui pourrait arriver à Cupidon serait qu'on lui accorde ce qu'il demande!

2. Cydippe se trouva prise au piège que lui tendit son amant, Aconce : elle ramassa une pomme sur laquelle était gravé un serment de fidélité dont elle ne pouvait se défaire.

3. Allusion au fameux épisode de Paolo et Francesca dans l'*Enfer* de Dante (chant V).

4. Allusion à la théorie médicale de l'amour et à ses avatars dans la poésie pétrarquiste. Mercure éprouve des doutes sérieux au sujet de ce fameux *innamoramento*.

5. Un jeune Cnidien s'était épris de la Vénus de Praxitèle. Cette

Quelle sympathie y avoit il de son naturel chaud et ardent par trop, avec une froide et morte pierre ? Qu'est ce donq qui l'enflammoit ? Folie, qui estoit logee en son esprit. Tel feu estoit celui de Narcisse. Son œil ne recevoit pas le pur sang et sutil de son cœur mesme : mais la fole imaginacion du beau pourtrait, qu'il voyoit en la fonteine, le tourmentoit. Exprimez tant que voudrez la force d'un œil : faites le tirer mile traits par jour : n'oubliez qu'une ligne qui passe par le milieu, jointe avec le sourcil, est un vray arc : que ce petit humide, que lon voit luire au milieu, est le trait prest à partir : si est ce que toutes ces flesches n'iront en autres cœurs, que ceus que Folie aura preparez. Que tant de grans personnages, qui ont esté et sont de present, ne s'estiment estre injuriez, si pour avoir aymé je les nomme fols. Qu'ils se prennent à leurs Filozofes, qui ont estimé Folie estre privacion de sagesse, et sagesse estre sans passions : desquelles Amour ne sera non plus tot destitué, que la Mer d'ondes et vagues : vray est, qu'aucuns dissimulent mieus leur passion : et s'ils s'en trouvent mal, c'est une autre espece de Folie. Mais ceus qui montrent leurs afeccions estans plus grandes que les secrets de leurs poitrines, vous rendront et exprimeront une si vive image de Folie, qu'Apelles [1] ne la sauroit mieus tirer au vif. Je vous prie imaginer un jeune homme, n'ayant grand afaire, qu'à se faire aymer : pigné, miré, tiré, parfumé : se pensant valoir quelque chose, sortir de sa maison le cerveau embrouillé de mile consideracions amoureuses : ayant discouru mile bons heurs, qui passeront bien loin des cotes [2] : suivi de pages et laquais habillez de quelque livree representant quelque travail, fermeté, et esperance [3] : et en cette sorte viendra trouver sa Dame à l'Eglise : autre plaisir n'aura qu'à getter force

anecdote est reprise dans le sonnet V des *Écrits* des divers poètes à la louange de Louise Labé. Cf. *infra* p. 147.

1. Apelle est sans doute le peintre le plus célèbre de l'Antiquité.

2. bien loin des cotes : bien loin de se réaliser.

3. Les pages et les laquais portent des livrées dont les couleurs symbolisent la souffrance (le rouge), la fermeté (le bleu) et l'espoir (le vert). Rabelais s'était déjà moqué du *Blason des couleurs*. Cf. *Gargantua*, chapitres IX et X.

œillades, et faire quelque reverence en passant. Et que sert ce seul regard? Que ne va il en masque pour plus librement parler? Là se fait quelque habitude, mais avec si peu de demontrance du coté de la Dame, que rien moins. A la longue il vient quelque privauté : mais il ne faut encore rien entreprendre, qu'il n'y ait plus de familiarité. Car lors on n'ose refuser d'ouir tous les propos des hommes, soient bons ou mauvais. On ne creint ce que lon ha acoutumé voir. On prent plaisir à disputer les demandes des poursuivans. Il leur semble que la place qui parlemente est demi gaignee. Mais s'il avient, que, comme les femmes prennent volontiers plaisir à voir debatre les hommes, elles leur ferment quelquefois rudement la porte, et ne les apellent à leurs petites privautez, comme elles souloient, voilà mon homme aussi loin de son but comme n'a gueres s'en pensoit pres. Ce sera à recommencer. Il faudra trouver le moyen de se faire prier d'acompagner sa Dame en quelque Eglise, aus jeus, et autres assemblees publiques. Et ce pendant expliquer ses passions par soupirs et paroles tremblantes : redire cent fois une mesme chose : protester, jurer, promettre à celle qui possible ne s'en soucie, et est tournee ailleurs et promise. Il me semble que seroit folie de parler des sottes et plaisantes Amours vilageoises : marcher sur le bout du pié, serrer le petit doit; apres que lon ha bien bu, escrire sur le bout de la table avec du vin, et entrelasser son nom et celui de s'amie : la mener premiere à la danse, et la tourmenter tout un jour au Soleil. Et encore ceus, qui par longues alliances, ou par entrees ont pratiqué le moyen de voir leur amie en leur maison, ou de leur voisin, ne viennent en si estrange folie, que ceus qui n'ont faveur d'elles qu'aus lieus publiques et festins : qui de cent soupirs n'en peuvent faire connoitre plus d'un ou deus le mois : et neanmoins pensent que leurs amies les doivent tous conter. Il faut avoir tousjours pages aus escoutes, savoir qui va, qui vient, corrompre des chambrieres à beaus deniers, perdre tout un jour pour voir passer Madame par la rue, et pour toute remuneracion, avoir un petit adieu avec quelque souzris, qui le fera retourner chez soy plus content, que quand Ulysse vid la fumee de son Itaque. Il vole de joye : il embrasse l'un, puis l'autre : chante vers : compose, fait s'amie la plus belle qui soit au monde, combien que possible soit laide. Et si de fortune survient quelque jalousie, comme il avient le plus souvent, on ne rit, on ne chante plus : on devient pensif et morne : on connoit ses vices et fautes : on admire celui que lon pense estre aymé : on parangonne sa beauté, grace, richesse, avec celui duquel on est jalous : puis soudein on le vient à despriser : qu'il n'est possible, estant de si mauvaise grace, qu'il soit aymé : qu'il est impossible qu'il face tant son devoir que nous, qui languissons, mourons, brulons d'Amour. On se pleint, on apelle s'amie cruelle, variable : lon se lamente de son malheur et destinee. Elle n'en fait que rire, ou lui fait acroire qu'à tort il se pleint : on trouve mauvaises ses querelles, qui ne viennent que d'un cœur soupsonneus et jalous : et qu'il est bien loin de son conte : et qu'autant lui est de l'un que de l'autre [1]. Et lors je vous laisse penser qui ha du meilleur. Lors il faut connoitre que lon ha failli par bien servir, par masques magnifiques, par devises bien inventees, festins, banquets. Si la commodité se trouve, faut se faire paroitre par dessus celui dont on est jalous. Il faut se montrer liberal : faire present quelquefois de plus que lon n'a : incontinent qu'on s'aperçoit que lon souhaite quelque chose, l'envoyer tout soudein, encores qu'on n'en soit requis : et jamais ne confesser que lon soit povre. Car c'est une tresmauvaise compagne d'Amour, que Povreté : laquelle estant survenue, on connoit sa folie, et lon s'en retire à tard [2]. Je croy que ne voudriez point ressembler encore à cet Amoureus, qui n'en ha que le nom. Mais prenons le cas que lon lui rie [3], qu'il y ait quelque reciproque amitié, qu'il soit prié se trouver en quelque lieu : il pense incontinent qu'il soit fait [4], qu'il recevra quelque bien, dont il est bien loin : une heure en dure cent : on demande plus de fois quelle heure il est : on

1. autant lui est de l'un que de l'autre : elle n'a pas de préférence pour l'un ou pour l'autre de ses soupirants.
2. lon s'en retire à tard : on ne s'en libère que lorsqu'il est trop tard.
3. lon lui rie : on lui fait bon visage.
4. il soit fait : c'est fait.

fait semblant d'estre demandé : et quelque mine que lon face, on lit au visage qu'il y ha quelque passion vehemente. Et quand on aura bien couru, on trouvera que ce n'est rien, et que c'estoit pour aller en compagnie se promener sur l'eau, ou en quelque jardin : ou aussi tot un autre aura faveur de parler à elle que lui, qui ha esté convié. Encore ha il ocasion de se contenter, à son avis. Car si elle n'ust plaisir de le voir, elle ne l'ust demandé en sa compagnie. Les plus grandes et hazardeuses folies suivent tousjours l'acroissement d'Amour. Celle qui ne pensoit qu'à se jouer au commencement, se trouve prise. Elle se laisse visiter à heure suspecte. En quels dangers ? D'y aller accompagné, seroit declarer tout. Y aller seul, est hazardeus. Je laisse les ordures et infeccions, dont quelquefois on est parfumé. Quelquefois se faut desguiser en portefaix, en cordelier, en femme : se faire porter dens un coffre à la merci d'un gros vilain, que s'il savoit ce qu'il porte, le lairroit tomber pour avoir sondé son fol faix [1]. Quelquefois on est surpris, batuz, outragez et ne s'en ose lon vanter. Il se faut guinder par fenestres, par sus murailles, et tousjours en danger, si Folie n'y tenoit la main. Encore ceus cy ne sont que des mieus payez. Il y en ha qui rencontrent Dames cruelles, desquelles jamais on n'obtient merci. Autres sont si rusees, qu'apres les avoir menez jusques aupres du but, les laissent là. Que font ils ? apres avoir longuement soupiré, ploré et crié, les uns se rendent Moynes : les autres abandonnent le païs : les autres se laissent mourir. Et penseriez vous, que les amours des femmes soient de beaucoup plus sages ? les plus froides se laissent bruler dedens le corps avant que de rien avouer. Et combien qu'elles vousissent [2] prier, si elles osoient, elles se laissent adorer : et tousjours refusent ce qu'elles voudroient bien que lon leur otast par force. Les autres n'atendent que l'ocasion : et heureus qui la peut rencontrer : Il ne faut avoir creinte d'estre esconduit. Les mieus nees [3] ne se laissent veincre, que par le

1. pour avoir sondé son fol faix : s'étant rendu compte de l'absurdité de son fardeau.
2. vousissent : voulussent.
3. Les mieus nees : les plus nobles natures.

tems. Et se connoissans estre aymees, et endurant en fin le semblable mal qu'elles ont fait endurer à autrui, ayant fiance de celui auquel elles se descouvrent, avouent leur foiblesse, confessent le feu qui les brule : toutefois encore un peu de honte les retient, et ne se laissent aller, que vaincues, et consumees à demi. Et aussi quand elles sont entrees une fois avant, elles font de beaus tours. Plus elles ont resisté à Amour, et plus s'en treuvent prises. Elles ferment la porte à raison. Tout ce qu'elles creingnoient, ne le doutent plus. Elles laissent leurs ocupacions mulie-bres. Au lieu de filer, coudre, besongner au point, leur estude est se bien parer, promener es Eglises, festes, et banquets pour avoir tousjours quelque rencontre de ce qu'elles ayment. Elles prennent la plume et le lut en main : escrivent et chantent leurs passions : et en fin croit tant cette rage, qu'elles abandonnent quelquefois pere, mere, maris, enfans, et se retirent ou est leur cœur. Il n'y ha rien qui plus se fache d'estre contreint, qu'une femme : et qui plus se contreingne, ou elle ha envie montrer son afeccion. Je voy souventefois une femme, laquelle n'a trouvé la solitude et prison d'environ sept ans longue, estant avec la personne qu'elle aymoit. Et combien que nature ne lui ust nié plusieurs graces, qui ne la faisoient indine de toute bonne compagnie, si est ce qu'elle ne vouloit plaire à autre qu'à celui qui la tenoit prisonniere. J'en ay connu une autre, laquelle absente de son ami, n'alloit jamais dehors qu'acompagnee de quelcun des amis et domestiques de son bien aymé : voulant tousjours rendre témoignage de la foy qu'elle lui portoit. En somme, quand cette afeccion est imprimee en un cœur genereus d'une Dame, elle y est si forte, qu'à peine se peut elle efacer. Mais le mal est, que le plus souvent elles rencontrent si mal : que plus ayment, et moins sont ay-mees. Il y aura quelcun, qui sera bien aise leur donner martel en teste, et fera semblant d'aymer ailleurs, et n'en tiendra conte. Alors les povrettes entrent en estranges fantasies : ne peuvent si aisément se defaire des hommes, comme les hommes des femmes, n'ayans la commodité de s'eslongner et commencer autre parti, chassans Amour avec autre Amour. Elles blament tous les hommes pour un. Elles apellent foles celles qui ayment. Maudissent le jour que premierement elles aymerent. Protestent de jamais n'aymer: mais celà ne leur dure gueres. Elles remettent incontinent devant les yeus ce qu'elles ont tant aymé. Si elles ont quelque enseigne de lui, elles la baisent, rebaisent, sement de larmes, s'en font un chevet et oreiller, et s'escoutent elles mesmes pleingnantes leurs miserables destresses. Combien en voy je, qui se retirent jusques aus Enfers, pour essaier si elles pourront, comme jadis Orphee, revoquer leurs amours perdues ? Et en tous ces actes, quels traits trouvez vous que de Folie ? Avoir le cœur separé de soymesme, estre meintenant en paix, ores en guerre, ores en treves : couvrir et cacher sa douleur : changer visage mile fois le jour : sentir le sang qui lui rougit la face, y montant : puis soudein s'enfuit, la laissant palle, ainsi que honte, esperance, ou peur, nous gouvernent : chercher ce qui nous tourmente, feingnant le fuir, et neanmoins avoir creinte de le trouver : n'avoir qu'un petit ris entre mile soupirs : se tromper soymesme : bruler de loin, geler de pres : un parler interrompu : un silence venant tout à coup : ne sont ce tous signes d'un homme alienė de son bon entendement ? Qui excusera Hercule devidant les pelotons d'Omphale [1] ? Le sage Roy Hebrieu avec cette grande multitude de femmes ? Annibal s'abatardissant autour d'une Dame ? et mains autres, que journellement voyons s'abuser tellement qu'ils ne se connoissent eus mesmes. Qui en est cause, sinon Folie ? Car c'est celle en somme, qui fait Amour grand et redouté : et le fait excuser, s'il fait quelque chose autre que de raison. Reconnois donq, ingrat Amour, quel tu es, et de combien de biens je te suis cause ? Je te fay grand : je te fay eslever ton nom : voire et ne t'ussent les hommes reputé Dieu sans moy. Et apres que t'ay tousjours acompagné, tu ne me veus seulement abandonner, mais me veus ranger à cette sugeccion de fuir tous les lieus ou tu seras. Je croy avoir satisfait à ce qu'avois promis montrer : que jusque ici Amour n'avoit esté sans Folie. Il

1. Hercule fut assez follement épris d'Omphale pour lui laisser sa massue et la peau du lion de Némée. Salomon est le sage roi hébreu. Hannibal aurait perdu la tête pour une femme dépravée.

faut passer outre, et montrer qu'impossible est d'estre autrement. Et pour y entrer : Apolon, tu me confesseras, qu'Amour n'est autre chose qu'un desir de jouir, avec une conjonccion, et assemblement de la chose aymee. Estant Amour desir, ou, quoy que ce soit, ne pouvant estre sans desir : il faut confesser qu'incontinent que cette passion vient saisir l'homme, elle l'altere et immue. Car le desir incessamment se demeine dedens l'ame, la poingnant tousjours et resveillant. Cette agitacion d'esprit, si elle estoit naturelle, elle ne l'afligeroit de la sorte qu'elle fait : mais, estant contre son naturel, elle le malmeine, en sorte qu'il se fait tout autre qu'il n'estoit. Et ainsi en soy n'estant l'esprit à son aise, mais troublé et agité, ne peut estre dit sage et posé. Mais encore fait il pis : car il est contreint se descouvrir : ce qu'il ne fait que par le ministere et organe du corps et membres d'icelui. Estant une fois acheminé, il faut que le poursuivant en amours face deus choses : qu'il donne à connoitre qu'il ayme : et qu'il se face aymer. Pour le premier, le bien parler y est bien requis : mais seul ne suffira il. Car le grand artifice, et douceur inusitee, fait soupsonner pour le premier coup, celle qui l'oit : et la fait tenir sur ses gardes. Quel autre témoignage faut il ? Tousjours l'ocasion ne se presente à combatre pour sa Dame, et defendre sa querelle. Du premier abord vous ne vous ofrirez à lui ayder en ses afaires domestiques. Si faut il faire à croire [1] que lon est passionné. Il faut long tems, et long service, ardentes prieres, et conformité de complexions. L'autre point, que l'Amant doit gaigner, c'est se faire aymer : lequel provient en partie de l'autre. Car le plus grand enchantement, qui soit pour estre aymé, c'est aymer. Ayez tant de sufumigacions, tant de characteres, adjuracions, poudres, et pierres, que voudrez : mais si savez bien vous ayder, montrant et declarant votre amour : il n'y aura besoin de ces estranges receptes. Donq pour se faire aymer, il faut estre aymable. Et non simplement aymable, mais au gré de celui qui est aymé, auquel se faut renger, et mesurer tout ce que voudrez faire ou dire. Soyez paisible et

1. Si faut il faire à croire : Encore faut-il lui faire croire.

discret. Si votre Amie ne vous veut estre telle, il faut changer voile, et naviguer d'un autre vent : ou ne se mesler point d'aymer. Zethe et Amphion ne se pouvoient acorder, pource que la vacacion de l'un ne plaisoit à l'autre [1]. Amphion ayma mieus changer, et retourner en grace avec son frere. Si la femme que vous aymez est avare, il faut se transmuer en or, et tomber ainsi en son sein [2]. Tous les serviteurs et amis d'Atalanta [3] estoient chasseurs, pource qu'elle y prenoit plaisir. Plusieurs femmes, pour plaire à leurs Poëtes amis, ont changé leurs paniers et coutures, en plumes et livres. Et certes il est impossible plaire, sans suivre les afeccions de celui que nous cherchons. Les tristes se fachent d'ouir chanter. Ceus, qui ne veulent aller que le pas, ne vont volontiers avec ceus qui tousjours voudroient courir. Or me dites, si ces mutacions contre notre naturel ne sont vrayes folies, ou non exemptes d'icelle ? On dira qu'il se peut trouver des complexions si semblables, que l'Amant n'aura point de peine de se transformer es meurs de l'Aymee. Mais si cette amitié est tant douce et aisee, la folie sera de s'y plaire trop : en quoy est bien dificile de mettre ordre. Car si c'est vray amour, il est grand et vehement, et plus fort que toute raison. Et, comme le cheval ayant la bride sur le col, se plonge si avant dedens cette douce amertume, qu'il ne pense aus autres parties de l'ame, qui demeurent oisives : et par une repentance tardive, apres un long tems témoigne à ceus qui l'oyent, qu'il ha esté fol comme les autres. Or si vous ne trouvez folie en Amour de ce coté là, dites moy entre vous autres Signeurs, qui faites tant profession d'Amour, ne confessez vous, que Amour cherche union de soy avec la chose aymee ? qui est bien le plus fol desir du monde : tant par ce, que le cas avenant,

1. Zéthos et Amphion étaient les fils jumeaux de Jupiter et d'Antiope. L'un était berger et l'autre musicien; mais ils construisirent ensemble les murs de Thèbes.

2. Nouvelle allusion à Jupiter et à sa métamorphose en pluie d'or pour séduire Danaé.

3. Atalante est surtout connue pour avoir perdu la course contre Hippomène. Vénus avait confié trois pommes d'or à ce dernier; Atalante les ramassa et perdit la course. Cf. *Métam.*, X., 560 sq.

Amour faudroit par soymesme [1], estant l'Amant et l'Aymé confonduz ensemble, que aussi il est impossible qu'il puisse avenir, estant les especes et choses individues tellement separees l'une de l'autre, qu'elles ne se peuvent plus conjoindre, si elles ne changent de forme. Alleguez moy des branches d'arbres qui s'unissent ensemble. Contez moy toutes sortes d'Antes, que jamais le Dieu des jardins [2] inventa. Si ne trouverez vous point que deus hommes soient jamais devenuz en un : et y soit le Gerion à trois corps [3] tant que voudrez. Amour donq ne fut jamais sans la compagnie de Folie : et ne le sauroit jamais estre. Et quand il pourroit ce faire, si ne le devroit il pas souhaiter : pource que lon ne tiendroit conte de lui à la fin. Car quel pouvoir auroit il, ou quel lustre, s'il estoit pres de sagesse ? Elle lui diroit, qu'il ne faudroit aymer l'un plus que l'autre : ou pour le moins n'en faire semblant de peur de scandaliser quelcun. Il ne faudroit rien faire plus pour l'un que pour l'autre : et seroit à la fin Amour ou aneanti, ou devisé en tant de pars, qu'il seroit bien foible. Tant s'en faut que tu doives estre sans Folie, Amour, que si tu es bien conseillé, tu ne redemanderas plus tes yeus. Car il en est besoin, et te peuvent nuire beaucoup : desquels si tu t'estois bien regardé quelquefois, toymesme te voudrois mal [4]. Pensez vous qu'un soudart, qui va à l'assaut, pense au fossé, aus ennemis, et mile harquebuzardes qui l'atendent ? non. Il n'a autre but, que parvenir au haut de la bresche : et n'imagine point le reste. Le premier qui se mit en mer, n'imaginoit pas les dangers qui y sont. Pensez vous que le joueur pense jamais perdre ? Si sont ils tous trois au hazard d'estre tuez, noyez, et destruiz. Mais quoy, ils ne voyent, et ne veulent voir ce qui leur est dommageable. Le semblable

1. Amour faudroit par soymesme : l'Amour disparaîtrait de lui-même.

2. Priape, dieu de la volupté est aussi le « dieu des jardins ». Il y a là une plaisanterie grivoise puisque le jardin désigne aussi le sexe de la femme. Cf. *Métam.*, XIV, 640.

3. Le roi Geryon, géant à trois corps, fut tué par Hercule. Cf. *Métam.*, IX, 184.

4. si tu t'étais bien regardé autrefois avec eux, tu aurais souhaité toi-même le mal qui t'est arrivé !

estimez des Amans : que si jamais ils voyent, et entendent clerement le peril ou ils sont, combien ils sont trompez et abusez, et quelle est l'esperance qui les fait tousjours aller avant, jamais n'y demeureront une seule heure. Ainsi se perdroit ton regne, Amour : lequel dure par ignorance, nonchaillance, esperance, et cecité, qui sont toutes damoiselles de Folie, lui faisans ordinaire compagnie. Demeure donq en paix, Amour : et ne vien rompre l'ancienne ligue qui est entre toy et moy : combien que tu n'en susses rien jusqu'à present. Et n'estime que je t'aye crevé les yeus, mais que je t'ay montré, que tu n'en avois aucun usage auparavant, encore qu'ils te fussent à la teste que tu as de present. Reste de te prier, Jupiter, et vous autres Dieus, de n'avoir point respect aus noms (comme je say que n'aurez) mais regarder à la verité et dinité des choses. Et pourtant, s'il est plus honorable entre les hommes dire un tel ayme, que, il est fol : que celà leur soit imputé à ignorance. Et pour n'avoir en commun la vraye intelligence des choses, ny pù donner noms selon leur vray naturel, mais au contraire avoir baillé beaus noms à laides choses, et laids aus belles, ne delaissez, pour ce, à me conserver Folie en sa dinité et grandeur. Ne laissez perdre cette belle Dame, qui vous ha donné tant de contentement avec Genie, Jeunesse, Bacchus, Silene, et ce gentil Gardien des jardins [1]. Ne permetez facher celle, que vous avez conservee jusques ici sans rides, et sans pas un poil blanc. Et n'otez, à l'apetit de quelque colere, le plaisir d'entre les hommes. Vous les avez otez du Royaume de Saturne : ne les y faites plus entrer : et, soit en Amour, soit en autres afaires, ne les enviez, si pour apaiser leurs facheries, Folie les fait esbatre et s'esjouir. J'ay dit.

Quand Mercure ut fini la defense de Folie, Jupiter voyant les Dieus estre diversement afeccionnez et en contrarietez d'opinions, les uns se tenans du coté de

1. Génius, dieu de la nature ; Jeunesse, mère de Folie ; Bacchus, dieu de la vigne ; Silène, éducateur de Bacchus ; et Priape, comme on vient de le voir, dieu des « jardins ».

Cupidon, les autres se tournans à aprouver la cause de Folie : pour apointer le diferent, và prononcer un arrest interlocutoire [1] *en cette maniere :*

Pour la dificulté et importance de vos diferens, et diversité d'opinions, nous avons remis votre afaire d'ici à trois fois, sept fois, neuf siecles. Et ce pendant vous commandons vivre amiablement ensemble, sans vous outrager l'un l'autre. Et guidera Folie l'aveugle Amour, et le conduira par tout ou bon lui semblera [2]. Et sur la restitucion de ses yeus, apres en avoir parlé aus Parques, en sera ordonné.

Fin du debat d'Amour et de Folie.

1. arrest interlocutoire : jugement de conciliation.
2. Ou bon lui semblera : la formule est ambiguë car le pronom « lui » peut désigner aussi bien l'Amour que la Folie. Cf. notre « Quel genre d'amour pour Louise Labé ? » *Poétique* 55, septembre 1983, p. 303-317.

ÉLÉGIES

ELEGIE I

1 Au tems qu'Amour, d'hommes et Dieus vainqueur,
Faisoit bruler de sa flamme mon cœur,
En embrasant de sa cruelle rage
Mon sang, mes os, mon esprit et courage :
5 Encore lors je n'avois la puissance
De lamenter ma peine et ma souffrance.
Encor Phebus, ami des Lauriers vers [1],
N'avoit permis que je fisse des vers :
Mais meintenant que sa fureur divine
10 Remplit d'ardeur ma hardie poitrine,
Chanter me fait, non les bruians tonnerres
De Jupiter, ou les cruelles guerres,
Dont trouble Mars, quand il veut, l'Univers.
Il m'a donné la lyre, qui les vers
15 Souloit chanter de l'Amour Lesbienne [2] :
Et à ce coup pleurera de la mienne.
O dous archet, adouci moy la voix,
Qui pourroit fendre et aigrir quelquefois,
En recitant tant d'ennuis et douleurs,
20 Tant de despits fortunes et malheurs.
Trempe l'ardeur, dont jadis mon cœur tendre
Fut en brulant demi reduit en cendre.
Je sen desja un piteus souvenir,

1. Phébus-Apollon, amoureux de Daphné, avait pour emblème le laurier.

2. l'Amour Lesbienne : l'amour chanté par Sappho, poète de Lesbos. Voir notre Introduction à ce sujet et notre article, « Louise Labé et la redécouverte de Sappho », *Nouvelle Revue du XVIe siècle*, I, 1983, p. 19-31.

Qui me contreint la larme à l'œil venir.
25 Il m'est avis que je sen les alarmes,
Que premiers j'ù d'Amour, je voy les armes,
Dont il s'arma en venant m'assaillir.
C'estoit mes yeus, dont tant faisois saillir
De traits, à ceus qui trop me regardoient
30 Et de mon arc assez ne se gardoient.
Mais ces miens traits ces miens yeus me defirent,
Et de vengeance estre exemple me firent.
Et me moquant, et voyant l'un aymer,
L'autre bruler et d'Amour consommer :
35 En voyant tant de larmes espandues,
Tant de soupirs et prieres perdues,
Je n'aperçu que soudein me vint prendre
Le mesme mal que je soulois reprendre :
Qui me persa d'une telle furie,
40 Qu'encor n'en suis apres long tems guerie :
Et meintenant me suis encor contreinte
De rafreschir d'une nouvelle pleinte
Mes maus passez. Dames, qui les lirez,
De mes regrets avec moy soupirez.
45 Possible, un jour je feray le semblable,
Et ayderay votre voix pitoyable
A vos travaus et peines raconter,
Au tems perdu vainement lamenter.
Quelque rigueur qui loge en votre cœur,
50 Amour s'en peut un jour rendre vainqueur.
Et plus aurez lui esté ennemies,
Pis vous fera, vous sentant asservies.
N'estimez point que lon doive blamer
Celles qu'a fait Cupidon inflamer.
55 Autres que nous, nonobstant leur hautesse,
Ont enduré l'amoureuse rudesse :
Leur cœur hautein, leur beauté, leur lignage,
Ne les ont su preserver du servage
De dur Amour : les plus nobles esprits
60 En sont plus fort et plus soudain espris.
Semiramis [1], Royne tant renommee,

1. Sémiramis, reine de Babylone, s'éprit de son propre fils, Ninyas. Au sujet de cette liaison incestueuse.

Qui mit en route avecques son armee
Les noirs squadrons des Ethiopiens,
Et en montrant louable exemple aus siens
65 Faisoit couler de son furieus branc
Des ennemis les plus braves le sang,
Ayant encor envie de conquerre
Tous[1] ses voisins, ou leur mener la guerre,
Trouva Amour, qui si fort la pressa,
70 Qu'armes et loix veincue elle laissa.
Ne meritoit sa Royalle grandeur
Au moins avoir un moins fascheus malheur
Qu'aymer son fils? Royne de Babylonne,
Ou est ton cœur qui es combaz resonne?
75 Qu'est devenu ce fer et cet escu,
Dont tu rendois le plus brave veincu?
Ou as tu mis la Marciale creste[2],
Qui obombroit le blond or de ta teste?
Ou est l'espee, ou est cette cuirasse,
80 Dont tu rompois des ennemis l'audace?
Ou sont fuiz tes coursiers furieus,
Lesquels trainoient ton char victorieus?
T'a pù si tot un foible ennemi rompre?
Ha pù si tot ton cœur viril corrompre,
85 Que le plaisir d'armes plus ne te touche:
Mais seulement languis en une couche?
Tu as laissé les aigreurs Marciales,
Pour recouvrer les douceurs geniales.
Ainsi Amour de toy t'a estrangee,
90 Qu'on te diroit en une autre changee.
Donques celui lequel d'amour esprise
Pleindre me voit, que point il ne mesprise
Mon triste deuil: Amour, peut estre, en brief
En son endroit n'aparoitra moins grief.
95 Telle j'ay vù qui avoit en jeunesse
Blamé Amour: apres en sa vieillesse
Bruler d'ardeur, et pleindre tendrement
L'ápre rigueur de son tardif tourment.

1. Mot rectifié dans l'*erratum* de 1555.
2. la Marciale creste: ce casque militaire.

Alors de fard et eau continuelle [1]
100 Elle essayoit se faire venir belle,
Voulant chasser le ridé labourage,
Que l'aage avoit gravé sur son visage.
Sur son chef gris elle avoit empruntee
Quelque perruque, et assez mal antee :
105 Et plus estoit à son gré bien fardee,
De son Ami moins estoit regardee :
Lequel ailleurs fuiant n'en tenoit conte,
Tant lui sembloit laide, et avoit grand'honte
D'estre aymé d'elle. Ainsi la povre vieille
110 Recevoit bien pareille pour pareille [2].
De maints en vain un tems fut reclamee,
Ores qu'elle ayme, elle n'est point aymee.
Ainsi Amour prend son plaisir, à faire
Que le veuil d'un soit à l'autre contraire.
115 Tel n'ayme point, qu'une Dame aymera :
Tel ayme aussi, qui aymé ne sera :
Et entretient, neanmoins, sa puissance
Et sa rigueur d'une vaine esperance.

1. eau continuelle : parfum nouveau.
2. pareille pour pareille : elle essuyait des refus pareils à ses propres refus.

ELEGIE II

D'un tel vouloir le serf point ne desire
La liberté, ou son port le navire,
Comme j'atens, helas, de jour en jour
De toy, Ami, le gracieus retour.
5 Là j'avois mis le but de ma douleur,
Qui fineroit, quand j'aurois ce bon heur
De te revoir : mais de la longue atente,
Helas, en vain mon desir se lamente.
Cruel, Cruel, qui te faisoit promettre
10 Ton brief retour en ta premiere lettre ?
As tu si peu de memoire de moy,
Que de m'avoir si tot rompu la foy ?
Comme oses tu ainsi abuser celle
Qui de tout tems t'a esté si fidelle ?
15 Or' que tu es aupres de ce rivage
Du Pau cornu [1], peut estre ton courage
S'est embrasé d'une nouvelle flame,
En me changeant pour prendre une autre Dame :
Jà en oubli inconstamment est mise
20 La loyauté que tu m'avois promise.
S'il est ainsi, et que desja la foy
Et la bonté se retirent de toy :
Il ne me faut esmerveiller si ores
Toute pitié tu as perdu encores.
25 O combien ha de pensee et de creinte,
Tout aparsoy, l'ame d'Amour ateinte !

1. Pau cornu : allusion au delta du Pô, à son cours sinueux et à sa représentation allégorique sous forme de dieu cornu.

Ores je croy, vu notre amour passee,
Qu'impossible est, que tu m'aies laissee :
Et de nouvel ta foy je me fiance,
30 Et plus qu'humeine estime ta constance.
Tu es, peut estre, en chemin inconnu
Outre ton gré malade retenu.
Je croy que non : car tant suis coutumiere
De faire aus Dieus pour ta santé priere,
35 Que plus cruels que tigres ils seroient,
Quand maladie ils te prochasseroient :
Bien que ta fole et volage inconstance
Meriteroit avoir quelque soufrance.
Telle est ma foy, qu'elle pourra sufire
40 A te garder d'avoir mal et martire.
Celui qui tient au haut Ciel son Empire
Ne me sauroit, ce me semble, desdire :
Mais quand mes pleurs et larmes entendroit
Pour toy prians, son ire il retiendroit.
45 J'ay de tout tems vescu en son service,
Sans me sentir coulpable d'autre vice
Que de t'avoir bien souvent en son lieu
Damour forcé, adoré comme Dieu.
Desja deus fois depuis le promis terme,
50 De ton retour, Phebe [1] ses cornes ferme,
Sans que de bonne ou mauvaise fortune
De toy, Ami, j'aye nouvelle aucune.
Si toutefois pour estre enamouré
En autre lieu, tu as tant demeuré,
55 Si say je bien que t'amie nouvelle
A peine aura le renom d'estre telle,
Soit en beauté, vertu, grace et faconde,
Comme plusieurs gens savans par le monde
M'ont fait à tort, ce croy je, estre estimee.
60 Mais qui pourra garder la renommee ?
Non seulement en France suis flatee,
Et beaucoup plus, que ne veus, exaltee.
La terre aussi que Calpe [2] et Pyrenee

1. Phebe : Phébé, la Lune. Deux fois déjà, depuis la date de ton retour convenue, la pleine lune est revenue.
2. Calpe : Gibraltar.

Avec la mer tiennent environnee,
65 Du large Rhin les roulantes areines,
Le beau païs auquel or'te promeines,
Ont entendu (tu me l'as fait à croire)
Que gens d'esprit me donnent quelque gloire.
Goute le bien que tant d'hommes desirent :
70 Demeure au but ou tant d'autres aspirent :
Et croy qu'ailleurs n'en auras une telle.
Je ne dy pas qu'elle ne soit plus belle :
Mais que jamais femme ne t'aymera,
Ne plus que moy d'honneur te portera.
75 Maints grans Signeurs à mon amour pretendent,
Et à me plaire et servir prets se rendent,
Joutes et jeus, maintes belles devises [1]
En ma faveur sont par eus entreprises :
Et neanmoins, tant peu je m'en soucie,
80 Que seulement ne les en remercie :
Tu es tout seul, tout mon mal et mon bien :
Avec toy tout, et sans toy je n'ay rien :
Et n'ayant rien qui plaise à ma pensee,
De tout plaisir me treuve delaissee,
85 Et pour plaisir ennui saisir me vient.
Le regretter et plorer me convient,
Et sur ce point entre en tel desconfort,
Que mile fois je souhaite la mort.
Ainsi, Ami, ton absence lointeine
90 Depuis deus mois me tient en cette peine,
Ne vivant pas, mais mourant d'une Amour
Lequel m'occit dix mile fois le jour [2].
Revien donq tot, si tu as quelque envie
De me revoir encor' un coup en vie.
95 Et si la mort avant ton arrivee
Ha de mon corps l'aymante ame privee,
Au moins un jour vien, habillé de dueil,
Environner le tour de mon cercueil.

1. Les « devises » étaient portées par les chevaliers dans les tournois, en l'honneur de leur Dame.

2. une Amour /... lequel : sur cet accord peu grammatical voir l'article cité p. 103, note 2.

Que plust à Dieu que lors fussent trouvez
100 Ces quatre vers en blanc marbre engravez.

PAR TOY, AMI, TANT, VESQUI[1] ENFLAMMEE,
QU'EN LANGUISSANT PAR FEU SUIS
[CONSUMEE,
QUI COUVE ENCOR SOUS MA CENDRE
[EMBRAZEE
SI NE LE RENS DE TES PLEURS APAIZEE[2].

1. VESQUI : JE VÉCUS.
2. LE se rapporte à FEU tandis qu'APAIZEE se rapporte à CENDRE. Il y a là un accord inhabituel où l'on pourrait voir une sorte de syllepse.

ELEGIE III

Quand vous lirez, ô Dames Lionnoises,
Ces miens escrits pleins d'amoureuses noises,
Quand mes regrets, ennuis, despits et larmes
M'orrez [1] chanter en pitoyables carmes,
5 Ne veuillez pas condamner ma simplesse,
Et jeune erreur de ma fole jeunesse,
Si c'est erreur : mais qui dessous les Cieus
Se peut vanter de n'estre vicieus ?
L'un n'est content de sa sorte de vie,
10 Et tousjours porte à ses voisins envie :
L'un forcenant de voir la paix en terre,
Par tous moyens tache y mettre la guerre :
L'autre croyant povreté estre vice,
A autre Dieu qu'or, ne fait sacrifice :
15 L'autre sa foy parjure il emploira
A decevoir quelcun qui le croira [2] :
L'un en mentant de sa langue lezarde,
Mile brocars sur l'un et l'autre darde :
Je ne suis point sous ces planettes nee,
20 Qui m'ussent pù tant faire infortunee.
Onques ne fut mon œil marri, de voir
Chez mon voisin mieus que chez moy pleuvoir.
Onq ne mis noise ou discord entre amis :
A faire gain jamais ne me soumis.
25 Mentir, tromper, et abuser autrui,

1. M'orrez : vous m'entendrez.
2. L'autre trahira la confiance d'autrui/ en trompant quelqu'un qui aura cru en lui.

pourquoi ce début
? identification

Tant m'a desplu, que mesdire de lui.
Mais si en moy rien y ha d'imparfait,
Qu'on blame Amour: c'est lui seul qui l'a fait.
Sur mon verd aage en ses laqs il me prit,
30 Lors qu'exerçoi mon corps et mon esprit
En mile et mile euvres ingenieuses,
Qu'en peu de tems me rendit ennuieuses.
Pour bien savoir avec l'esguille peindre
J'eusse entrepris la renommee esteindre
35 De celle là [1], qui plus docte que sage,
Avec Pallas comparoit son ouvrage.
Qui m'ust vù lors en armes fiere aller,
Porter la lance et bois faire voler,
Le devoir faire en l'estour furieus,
40 Piquer, volter le cheval glorieus,
Pour Bradamante, ou la haute Marphise,
Seur de Roger [2], il m'ust, possible, prise.
Mais quoy? Amour ne put longuement voir,
Mon cœur n'aymant que Mars et le savoir:
45 Et me voulant donner autre souci,
En souriant, il me disoit ainsi:
« Tu penses donq, ô Lionnoise Dame,
Pouvoir fuir par ce moyen ma flame:
Mais non feras, j'ai subjugué les Dieus
50 Es bas Enfers, en la Mer et es Cieus.
Et penses tu que n'aye tel pouvoir
Sur les humeins, de leur faire savoir
Qu'il n'y ha rien qui de ma main eschape?
Plus fort se pense et plus tot je le frape.
55 De me blamer quelquefois tu n'as honte,
En te fiant en Mars, dont tu fais conte:
Mais meintenant, voy si pour persister
En le suivant me pourras resister. »
Ainsi parloit, et tout eschaufé d'ire
60 Hors de sa trousse une sagette il tire,

1. Celle là: Arachné osa se mesurer à Athéna et imiter ses « sutils ouvrages ». Cf. *Débat, Discours* I, et Ovide, *Métam.*, VI, 1-145.
2. Allusion aux héroïnes guerrières et à l'un des héros du *Roland Furieux* de l'Arioste.

Et decochant de son extreme force,
Droit la tira contre ma tendre escorce,
Foible harnois, pour bien couvrir le cœur,
Contre l'Archer qui tousjours est vainqueur.
65 La bresche faite, entre Amour en la place,
Dont le repos premierement il chasse :
Et de travail qui me donne sans cesse,
Boire, manger, et dormir ne me laisse.
Il ne me chaut de soleil ne d'ombrage :
70 Je n'ay qu'Amour et feu en mon courage,
Qui me desguise, et fait autre paroitre,
Tant que ne peu moymesme me connoitre.
Je n'avois vù encore seize Hivers,
Lors que j'entray en ces ennuis divers :
75 Et jà voici le treiziéme Esté
Que mon cœur fut par Amour arresté.
Le tems met fin aus hautes Pyramides,
Le tems met fin aus fonteines humides :
Il ne pardonne aus braves Colisees,
80 Il met à fin les viles plus prisees :
Finir aussi il ha acoutumé
Le feu d'Amour tant soit il allumé :
Mais, las ! en moy il semble qu'il augmente
Avec le tems, et que plus me tourmente.
85 Paris ayma OEnone ardamment,
Mais son amour ne dura longuement [1] :
Medee fut aymee de Jason,
Qui tot apres la mit hors sa maison [2].
Si meritoient elles estre estimees,
90 Et pour aymer leurs Amis, estre aymees [3].
S'estant aymé [4] on peut Amour laisser
N'est il raison, ne l'estant, se lasser ?
N'est il raison te prier de permettre,
Amour, que puisse à mes tourmens fin mettre ?

1. Pâris délaissa Œnone pour aimer Hélène. Lire : O/E/no/ne.
2. Jason abandonna Médée bien qu'elle lui eût permis d'obtenir la Toison d'or. Dans ce vers il faut compter les *e* muets comme des syllabes pleines : Mé/dé/*e*/fut/ ay/mé/*e*/de/Ja/son.
3. Et, parce qu'elles aimaient leurs amants, d'en être aimées autant.
4. S'estant aymé : Si, quand on est aimé...

95 Ne permets point que de Mort face espreuve,
Et plus que toy pitoyable la treuve :
Mais si tu veus que j'ayme jusqu'au bout,
Fay que celui que j'estime mon tout,
Qui seul me peut faire plorer et rire,
100 Et pour lequel si souvent je soupire,
Sente en ses os, en son sang, en son ame,
Ou plus ardente, ou bien egale flame.
Alors ton faix plus aisé me sera,
Quand avec moy quelcun le portera.

FIN

SONNETS

I

Non havria Ulysse o qualunqu'altro mai
Più accorto fu, da quel divino aspetto
Pien di gratie, d'honor et di rispetto
Sperato qual i' sento affanni e guai.

Pur, *Amour,* co i begli occhi tu fatt'hai
Tal piaga dentro al mio innocente petto,
Di cibo et di calor già tuo ricetto,
Che rimedio non v'è si tu n'el dai.

O sorte dura, che mi fa esser quale
Punta d'un Scorpio, et domandar riparo
Contr'el velen' dall'istesso animale.

Chieggio li sol' ancida questa noia,
Non estingua el desir a me si caro,
Che mancar non potrà ch'i' non mi muoia [1].

1. Transposition en alexandrins :

> Si jamais il y eut plus clairvoyant qu'Ulysse,
> il n'aurait jamais pu prévoir que ce visage,
> orné de tant de grâce et si digne d'hommage,
> devienne l'instrument de mon affreux supplice.
>
> Cependant ces beaux yeux, Amour, ont su ouvrir
> dans mon cœur innocent une telle blessure
> — dans ce cœur où tu prends chaleur et nourriture —
> que tu es bien le seul à pouvoir m'en guérir.
>
> Cruel destin ! Je suis victime d'un Scorpion,
> et je ne puis attendre un remède au poison
> que du même animal qui m'a empoisonnée !
>
> Je t'en supplie, Amour, cesse de me tourmenter !
> Mais n'éteins pas en moi mon plus précieux désir,
> sinon il me faudra fatalement mourir.

II

O beaus yeus bruns, ô regars destournez,
O chaus soupirs, ô larmes espandues,
O noires nuits vainement atendues,
O jours luisans vainement retournez :

O tristes pleins, ô desirs obstinez,
O tems perdu, ô peines despendues,
O mile morts en mile rets tendues,
O pires maus contre moy destinez.

O ris, ô front, cheveus, bras, mains et doits :
O lut pleintif, viole, archet et vois :
Tant de flambeaus pour ardre une femmelle !

De toy me plein, que tant de feus portant,
En tant d'endrois d'iceus mon cœur tatant,
N'en est sur toy volé quelque estincelle [1].

III

O longs desirs, ô esperances vaines,
Tristes soupirs et larmes coutumieres
A engendrer de moy maintes rivieres,
Dont mes deus yeus sont sources et fontaines :

O cruautez, ô durtez inhumaines,
Piteus regars des celestes lumieres [2] :
Du cœur transi ô passions premieres,
Estimez vous croitre encore mes peines ?

Qu'encor Amour su moy son arc essaie,
Que nouveaus feus me gette et nouveaus dars :
Qu'il se despite, et pis qu'il pourra face [3] :

1. Transposition :
J'aurais voulu qu'avec toutes ces flammes,
dont tu brûles mon cœur en tant d'endroits,
une étincelle au moins volât sur toi !
2. celestes lumieres : les yeux de l'amant sont comparés à des soleils.
3. Qu'il se fâche et agisse de la pire façon possible.

Car je suis tant navree en toutes pars,
Que plus en moy une nouvelle plaie,
Pour m'empirer ne pourroit trouver place.

IV

Depuis qu'Amour cruel empoisonna
Premierement de son feu ma poitrine,
Tousjours brulay de sa fureur divine,
Qui un seul jour mon cœur n'abandonna.

Quelque travail, dont assez me donna,
Quelque menasse et procheine ruïne :
Quelque penser de mort qui tout termine,
De rien mon cœur ardent ne s'estonna.

Tant plus qu'Amour nous vient fort assaillir,
Plus il nous fait nos forces recueillir,
Et toujours frais en ses combats fait estre :

Mais ce n'est pas qu'en rien nous favorise,
Cil qui les Dieus et les hommes mesprise [1] :
Mais pour plus fort contre les fors paroitre.

V ✓

Clere Venus, qui erres par les Cieus,
Entens ma voix qui en pleins chantera,
Tant que ta face au haut du Ciel luira,
Son long travail et souci ennuieus.

Mon œil veillant s'atendrira bien mieus,
Et plus de pleurs te voyant gettera.
Mieus mon lit mol de larmes baïgnera,
De ses travaus voyant témoins tes yeus.

1. Mais ce n'est pas qu'il veuille nous favoriser en quoi que ce soit, lui (l'Amour) qui méprise les dieux et les mortels.

Donq des humains sont les lassez esprits
De dous repos et de sommeil espris.
J'endure mal tant que le Soleil luit:

Et quand je suis quasi toute cassee,
Et que me suis mise en mon lit lassee,
Crier me faut mon mal toute la nuit.

VI

Deus ou trois fois bienheureus le retour
De ce cler Astre [1], et plus heureus encore
Ce que son œil de regarder honore [2].
Que celle là recevroit un bon jour,

Qu'elle pourroit se vanter d'un bon tour
Qui baiseroit le plus beau don de Flore [3],
Le mieus sentant que jamais vid Aurore,
Et y feroit sur ses levres sejour!

C'est à moy seule à qui ce bien est dù,
Pour tant de pleurs et tant de tems perdu:
Mais le voyant, tant lui feray de feste,

Tant emploiray de mes yeux le pouvoir,
Pour dessus lui plus de credit avoir,
Qu'en peu de temps feray grande conqueste.

VII √

On voit mourir toute chose animee,
Lors que du corps l'ame sutile part:
Je suis le corps, toy la meilleure part:
Ou es tu donq, o ame bien aymee?

1. ce cler Astre: le soleil (et l'Amant).
2. Ce que son œil de regarder honore: Celle qui peut attirer son regard (la Lune et l'Amante).
3. le plus beau don de Flore: la Rose.

Ne me laissez par si long temps pámee,
Pour me sauver apres viendrois trop tard.
Las, ne mets point ton corps en ce hazart :
Rens lui sa part et moitié estimee.

Mais fais, Ami, que ne soit dangereuse
Cette rencontre et revuë amoureuse,
L'acompagnant, non de severité,

Non de rigueur : mais de grace amiable,
Qui doucement me rende ta beauté,
Jadis cruelle, à present favorable.

VIII

Je vis, je meurs : je me brule et me noye [1].
J'ay chaut estreme en endurant froidure :
La vie [2] m'est et trop molle et trop dure.
J'ay grans ennuis entremeslez de joye :

Tout à un coup je ris et je larmoye,
Et en plaisir maint grief [3] tourment j'endure :
Mon bien s'en va, et à jamais il dure :
Tout en un coup je seiche et je verdoye.

Ainsi Amour inconstamment me meine :
Et quand je pense avoir plus de douleur,
Sans y penser je me treuve hors de peine.

Puis quand je croy ma joye estre certeine,
Et estre au haut de mon desiré heur,
Il me remet en mon premier malheur.

IX ✓

Tout aussi tot que je commence à prendre
Dens le mol lit le repos desiré,

1. Sonnet des antithèses, typique de la manière pétrarquiste.
2. Prononcer : vi*e* (deux syllabes).
3. *grief* : une seule syllabe.

Mon triste esprit hors de moy retiré
S'en va vers toy incontinent se rendre.

Lors m'est avis que dedens mon sein tendre
Je tiens le bien, où j'ay tant aspiré,
Et pour lequel j'ay si haut souspiré,
Que de sanglots ay souvent cuidé fendre [1].

O dous sommeil, o nuit à moy heureuse !
Plaisant repos, plein de tranquilité,
Continuez toutes les nuiz mon songe :

Et si jamais ma povre ame amoureuse
Ne doit avoir de bien en verité,
Faites au moins qu'elle en ait en mensonge [2].

X

Quand j'aperçoy ton blond chef couronné
D'un laurier verd, faire un Lut si bien pleindre [3],
Que tu pourrois à te suivre contreindre
Arbres et rocs [4] : quand je te vois orné,

Et de vertus dix mile environné,
Au chef d'honneur plus haut que nul ateindre,
Et des plus hauts les louenges esteindre [5] :
Lors dit mon cœur en soy passionné :

Tant de vertus qui te font estre aymé,
Qui de chacun te font estre estimé,
Ne te pourroient aussi bien faire aymer ?

1. Que j'ai souvent penser me briser avec tant de sanglots.
2. en mensonge : par l'imagination sous forme de fiction.
3. faire un Lut si bien pleindre : faire si bien sortir des sons plaintifs de ton luth.
4. Allusion à Orphée. Cf. *Débat, Discours* V.
5. Cf. *Élégie* III, v. 34.

Et ajoutant à ta vertu louable
Ce nom encor de m'estre pitoyable,
De mon amour doucement t'enflamer ?

XI

O dous regars, o yeus pleins de beauté,
Petits jardins, pleins de fleurs amoureuses
Ou sont d'Amour les flesches dangereuses,
Tant à vous voir mon œil s'est arresté !

O cœur felon, o rude cruauté,
Tant tu me tiens de façons rigoureuses,
Tant j'ay coulé de larmes langoureuses,
Sentant l'ardeur de mon cœur tourmenté !

Donques, mes yeus, tant de plaisir avez,
Tant de bons tours par ses yeus recevez :
Mais toy, mon cœur, plus les vois s'y complaire,

Plus tu languiz, plus en as de soucis,
Or devinez si je suis aise aussi,
Sentant mon œil estre à mon cœur contraire.

XII

Lut, compagnon de ma calamité,
De mes soupirs témoin irreprochable,
De mes ennuis controlleur veritable,
Tu as souvent avec moy lamenté :

Et tant le pleur piteus t'a molesté,
Que commençant quelque son delectable,
Tu le rendois tout soudein lamentable,
Feignant le ton que plein avoit chanté [1].

1. Des pleurs pitoyables t'ont tellement attristé/ Que, lorsque tu commençais un chant sur un mode joyeux,/ Tu le rendais soudain sur un ton langoureux,/ Le transposant de majeur en mineur. Avoit chanté : peut-être faut-il corriger par « *avois* (tu avais) chanté ».

Et si te veus efforcer au contraire [1],
Tu te destens et si me contreins taire :
Mais me voyant tendrement soupirer,

Donnant faveur à ma tant triste pleinte :
En mes ennuis me plaire suis contreinte,
Et d'un dous mal douce fin esperer.

XIII

Oh si j'estois en ce beau sein ravie
De celui là pour lequel vois [2] mourant :
Si avec lui vivre le demeurant
De mes cours jours ne m'empeschoit envie :

Si m'acollant me disoit, chere Amie,
Contentons nous l'un l'autre, s'asseurant
Que ja tempeste, Euripe [3], ne Courant
Ne nous pourra desjoindre en notre vie :

Si de mes bras le tenant acollé,
Comme du Lierre est l'arbre encercelé,
La mort venoit, de mon aise envieuse :

Lors que souef plus il me baiseroit,
Et mon esprit sur ses levres fuiroit [4],
Bien je mourrois, plus que vivante, heureuse.

XIV [5]

Tant que mes yeux pourront larmes espandre,
A l'heur passé avec toy regretter :

1. Et si je veux te forcer à faire le contraire (c'est-à-dire à passer du mode mineur au mode majeur).
2. vois : vais.
3. Euripe : bras de mer qui sépare l'Eubée de la Béotie et célèbre pour ses violents courants. Cf. *Débat, Discours* V.
4. C'est l'idée de la *mors osculi :* l'âme de l'aimée s'exhale sur les lèvres de son amant dans un éternel baiser. Cf., sonnet XVIII, *infra*.
5. Sonnet *rapporté,* c'est-à-dire dans lequel les éléments des quatrains sont repris, terme à terme, dans les tercets.

Et qu'aus sanglots et soupirs resister
Pourra ma voix, et un peu faire entendre :

Tant que ma main pourra les cordes tendre
Du mignart Lut, pour tes graces chanter :
Tant que l'esprit se voudra contenter
De ne vouloir rien fors que toy comprendre :

Je ne souhaitte encore point mourir.
Mais quand mes yeus je sentiray tarir,
Ma voix cassee, et ma main impuissante,

Et mon esprit en ce mortel sejour
Ne pouvant plus montrer signe d'amante :
Prirey la Mort noircir mon plus cler jour.

XV

Pour le retour du Soleil honorer,
Le Zephir, l'air serein lui apareille :
Et du sommeil l'eau et la terre esveille,
Qui les gardoit l'une de murmurer,

En dous coulant, l'autre de se parer
De mainte fleur de couleur nompareille.
Ja les oiseaus es arbres font merveille,
Et aus passans font l'ennui moderer :

Les Nynfes ja en mile jeus s'esbatent
Au cler de Lune, et dansans l'herbe abatent :
Veus tu Zephir de ton heur me donner,

Et que par toy toute me renouvelle ?
Fay mon Soleil devers moy retourner,
Et tu verras s'il ne me rend plus belle.

XVI

Apres qu'un tems la gresle et le tonnerre
Ont le haut mont de Caucase batu,

Le beau jour vient, de lueur revétu.
Quand Phebus ha son cerne fait en terre,

Et l'Ocean il regaigne à grand erre:
Sa seur [1] se montre avec son chef pointu.
Quand quelque tems le Parthe ha combatu,
Il prent la fuite et son arc il desserre [2].

Un tems t'ay vù et consolé pleintif,
Et defiant de mon feu peu hatif [3]:
Mais maintenant que tu m'as embrasee,

Et suis au point auquel tu me voulois:
Tu as ta flame en quelque eau arrosee,
Et es plus froit qu'estre je ne soulois.

XVII

Je fuis la vile, et temples, et tous lieus,
Esquels prenant plaisir à t'ouir pleindre,
Tu peus, et non sans force, me contreindre
De te donner ce qu'estimois le mieus.

Masques, tournois, jeus me sont ennuieus,
Et rien sans toy de beau ne me puis peindre:
Tant que tachant à ce desir esteindre,
Et un nouvel obget faire à mes yeus,

Et des pensers amoureus me distraire,
Des bois espais sui le plus solitaire:
Mais j'aperçoy, ayant erré maint tour,

1. Sa seur: la Lune.
2. On disait que les Parthes, après s'être battus sans succès, battaient en retraite en se retournant pour décocher leurs traits contre leurs ennemis.
3. Il n'y a pas si longtemps, je t'ai vu te plaindre et je suis venue te consoler./ Tu me reprochais alors mes sentiments trop tièdes envers toi.

Que si je veus de toy estre delivre,
Il me convient hors de moymesme vivre,
Ou fais encor que loin sois en sejour.

XVIII [1]

Baise m'encor, rebaise moy et baise :
Donne m'en un de tes plus savoureus,
Donne m'en un de tes plus amoureus :
Je t'en rendray quatre plus chaus que braise.

Las, te pleins tu ? ça que ce mal j'apaise,
En t'en donnant dix autres doucereus.
Ainsi meslans nos baisers tant heureus
Jouissons nous l'un de l'autre à notre aise.

Lors double vie à chacun en suivra.
Chacun en soy et son ami vivra.
Permets m'Amour penser quelque folie :

Tousjours suis mal, vivant discrettement,
Et ne me puis donner contentement,
Si hors de moy ne fay quelque saillie.

XIX

Diane estant en l'espesseur d'un bois,
Apres avoir mainte beste assenee,
Prenoit le frais, de Nynfes couronnee :
J'allois resvant comme fay maintefois,

Sans y penser : quand j'ouy une vois,
Qui m'apela, disant, Nynfe estonnee,
Que ne t'es tu vers Diane tournee ?
Et me voyant sans arc et sans carquois,

1. Au sujet de ce sonnet, voir « Signature et signification : les baisers de Louise Labé », *Romanic Review*, LXXV, I, janv. 1984, p. 10-24.

Qu'as tu trouvé, o compagne, en ta voye,
Qui de ton arc et flesches ait fait proye?
Je m'animay [1], respons je, à un passant,

Et lui getay en vain toutes mes flesches
Et l'arc apres : mais lui les ramassant
Et les tirant me fit cent et cent bresches.

XX

Predit me fut, que devoit [2] fermement
Un jour aymer celui dont la figure
Me fut descrite : et sans autre peinture
Le reconnu quand vy premierement :

Puis le voyant aymer fatalement,
Pitié je pris de sa triste aventure :
Et tellement je forçay ma nature,
Qu'autant que lui aymay ardentement.

Qui n'ust pensé qu'en faveur devoit croitre
Ce que le Ciel et destins firent naitre ?
Mais quand je voy si nubileus aprets [3],

Vents si cruels et tant horrible orage :
Je croy qu'estoient les infernaus arrets,
Qui de si loin m'ourdissoient ce naufrage [4].

XXI

Quelle grandeur rend l'homme venerable ?
Quelle grosseur ? quel poil ? quelle couleur ?

1. Je m'animay : J'ai attaqué quelqu'un.
2. On ne voit pas pourquoi il faudrait corriger « devoit » par « devois », comme le font certains éditeurs modernes.
3. Mais quand je vois s'annoncer tant de nuages.
4. Je crois que les enfers avaient décrété cela/ et qu'ils me préparaient, de si loin, ce naufrage.

Qui est des yeus le plus emmieleur?
Qui fait plus tot une playe incurable?

Quel chant est plus à l'homme convenable?
Qui plus penetre en chantant sa douleur?
Qui un dous lut fait encore meilleur?
Quel naturel est le plus amiable?

Je ne voudrois le dire assurément,
Ayant Amour forcé mon jugement:
Mais je say bien et de tant je m'assure,

Que tout le beau que lon pourroit choisir,
Et que tout l'art qui ayde la Nature,
Ne me sauroient acroitre mon desir.

XXII

Luisant Soleil, que tu es bien heureus,
De voir tousjours de t'Amie [1] la face:
Et toy, sa seur, qu'Endimion embrasse,
Tant te repais de miel amoureus.

Mars voit Venus: Mercure aventureus
De Ciel en Ciel, de lieu en lieu se glasse:
Et Jupiter remarque en mainte place
Ses premiers ans plus gays et chaleureus.

Voilà du Ciel la puissante harmonie,
Qui les esprits divins ensemble lie:
Mais s'ils avoient ce qu'ils ayment lointein,

Leur harmonie et ordre irrevocable
Se tourneroit en erreur variable [2],
Et comme moy travailleroient en vain.

1. t'Amie: ton amie, la Lune, qui est aussi la sœur du Soleil, au vers 3. Le berger Endymion fut plongé dans un sommeil éternel par Jupiter. La Lune put ainsi le contempler pour toujours. Cf. M. Scève, *Délie,* dizain 126.
2. erreur variable: cours changeant.

XXIII

Las! que me sert, que si parfaitement
Louas jadis et ma tresse doree,
Et de mes yeus la beauté comparee
A deus Soleils, dont Amour finement

Tira les trets causez [1] de ton tourment?
Ou estes vous, pleurs de peu de duree?
Et Mort par qui devoit estre honoree
Ta ferme amour et iteré serment?

Donques c'estoit le but de ta malice
De m'asservir sous ombre de service?
Pardonne moy, Ami, à cette fois,

Estant outree et de despit et d'ire:
Mais je m'assur', quelque part que tu sois,
Qu'autant que moy tu soufres de martire.

XXIV

Ne reprenez [2], Dames, si j'ay aymé:
Si j'ay senti mile torches ardentes,
Mile travaus, mile douleurs mordentes:
Si en pleurant, j'ay mon tems consumé,

Las que mon nom n'en soit par vous blamé.
Si j'ay failli, les peines sont presentes,
N'aigrissez point leurs pointes violentes:
Mais estimez qu'Amour, à point nommé,

Sans votre ardeur d'un Vulcan excuser,
Sans la beauté d'Adonis acuser [3],
Pourra, s'il veut, plus vous rendre amoureuses:

1. *causez* est sans doute l'équivalent graphique de « causes ».
2. Ne reprenez : Ne me reprenez pas, ne me critiquez pas.
3. Sans que vous ayez à fuir, comme Vénus, la laideur d'un mari (Vulcain) et que cela vous serve d'excuse,
Sans que vous puissiez mettre votre faute sur le compte de la beauté irrésistible de votre amant (comparable à celle d'Adonis).

En ayant moins que moy d'ocasion,
Et plus d'estrange [1] et forte passion.
Et gardez vous d'estre plus malheureuses.

FIN DES EUVRES DE LOVÏSE
LABÉ LIONNOIZE.

1. estrange... passion : passion aliénante. Cf. à propos de cette notion d'*estrangeté* (aliénation) l'*Élégie* I, v. 89.

HOMMAGE A LOUISE LABÉ

Non seulement en France suis flatée
Et beaucoup plus, que ne veus, exaltée.
Élégie II, vv.61-2.

Les vingt-quatre poèmes qui suivent (en nombre égal à celui des sonnets) ont été écrits par des amis de Louise Labé et publiés anonymement à la suite des *Œuvres*, dès l'édition princeps (1555).

A la différence de son amie Pernette du Guillet, dont l'édition posthume des *Rymes* (Lyon, Jean de Tournes, 1545) était accompagnée d'épitaphes, Louise Labé a bénéficié de cet hommage collectif de son vivant.

Nous avons là un remarquable recueil de *Mélanges* poétiques et critiques qui, tout en s'inscrivant dans une tradition dûment attestée, constitue un document du plus haut intérêt pour notre connaissance de Louise Labé.

Les « poètes de Louise Labé » n'ont pas été tous identifiés avec certitude ; nous avons donné le nom des auteurs probables à la suite de chaque poème ou de sa traduction.

AUS POËTES DE LOUIZE LABÉ

SONNET

Vous qui le los [1] de Louïze escrivez,
Et qui avez, par gaye fantasie,
Cette beauté, votre suget, choisie,
Voyez quel bien pour vous, vous poursuivez.

Elle des dons des Muses cultivez,
S'est pour soymesme et pour autrui saisie :
Tant qu'en louant sa dine [2] poësie,
Mieus que par vous par elle vous vivez.

Laure [3] ut besoin de faveur empruntee
Pour de renom ses graces animer;
Louïze, autant en beauté reputee,

Trop plus se fait par sa plume estimer.
Et de soymesme elle se faisant croire,
A ses loueurs est cause de leur gloire.

Sonnet attribué à Jacques Peletier du Mans, qui a édité et probablement corrigé les *Œuvres* de Louise Labé, ou à Jean de Tournes lui-même, l'imprimeur de l'ouvrage.

1. la gloire
2. digne
3. chantée par Pétrarque.

ESCRIZ DE DIVERS POÈTES, A LA LOUENGE DE LOUIZE LABÉ LIONNOIZE

I ODE GRECQUE

Εἰς ᾠδὰς Λοΐσης Λαβάιας.

Τὰς Σαπφοῦς ᾠδὰς γλυκυφώνου ἅς ἀπολεσσεν
    Ἡ παμφάγου χρόνου βίη,
Μειλιχίῳ Παφίης καὶ ἐρωτων νῦν γε Λαβάιη
    Κόλπῳ τραφεῖσ' ἀνήγαγε.
Εἰ δὲ τις ὡς καινὸν θαυμάζει, καί πόθεν ἐστι,
    Φησὶν, νέη ποιήτρια;
Γνοίη ὡς γοργόν, καὶ ἄκαμπτον, δυστυχέουσα
    Ἔχει Φάων' ἐρώμενον :
Τοῦ πληχθεῖσα φυγῇ, λιγυρὸν μελος ἦρξε τάλαινα
    Χορδαῖς ἐναρμόζειν λύρης.
Σφοδρὰ δὲ πρὸς ταύτας ποιήσεις οἶστρ' ἐνίησι
    Παιδῶν ἐρᾷν ὑπερηφάνων.

ODE SUR LA POÉSIE DE LOUISE LABÉ

Le Temps, dévorateur de tout, avait détruit
les odes de Sappho à l'harmonieux bruit.

Mais Louise Labé, qui connaît les Amours
et le sein de Vénus, nous les rend pour toujours.

Si ce miracle étonne et que l'on cherche en vain
d'où vient cet écrivain nouveau et féminin,

qu'on sache qu'elle aussi s'est mise à adorer
un farouche Phaon inflexible à aimer.

La pauvre, subissant un refus désolant,
s'est mise à moduler un chant si pénétrant

qu'elle enfonce, à son tour, d'une force cruelle,
l'aiguillon de l'amour au cœur le plus rebelle.

Cette ode, attribuée tour à tour à Jean-Antoine de Baïf (par Prosper Blanchemain en 1875), à Jacques Peletier du Mans (par Alfred Cartier en 1894) et à Antoine du Moulin (par Dorothy O'Connor en 1926) nous semble bien plutôt avoir été écrite par Henri Estienne. Pour l'argumentation, voir notre « Louise Labé et la redécouverte de Sappho », *Nouvelle Revue du Seizième Siècle*, n° 1, 1983.

II Ode latine

De Aloysæ Labææ Osculis.

I Jam non canoras Pegasidas tuis
Assuesce votis, nil tibi Cynthius
Fontisve Dircæi recessus
Profuerint, vel inanis Evan.

II Sed tu Labææ basia candidæ
Imbuta poscas nectare, quæ rosas
Spirant amaracosque molles,
Et violas, Arabumque succos.

III Non illa summis dispereunt labris,
Sed quà reclusis objicibus patet
Inerme pectus, suaveolentis
Oris aculeolo calescit.

IV Illo medullæ protinus æstuant,
Et dissolutis spiritus omnibus
Nodis in ore suaviantis
Lenius emoritur Labææ.

V Hoc plenus œstro (dicere seu lubet
Sectis puellas unguibus acriter
Deprælianter, aut inustam
Dente notam labiis querenteis;

VI Cœli've motus et redeuntia
Anni vicissim tempora: nec suo
Fulgore lucentem Dianam,
Syderibus've polos micanteis,

VII Dignum Labææ basiolis melos
Quod voce mistis cum fidibus canat),
Dices coronatus quod aureis
Cecropias Latiasque pungat.

ODE SUR LES BAISERS DE LOUISE LABÉ

N'adresse plus tes vœux aux Muses du passé;
n'invoque plus Bacchus en vain, ni Apollon,
et ne va plus chercher ton inspiration,
comme le fit Pindare, à la source Dircé.

Demande bien plutôt à la blanche Louise
ces baisers de nectar qui respirent la rose,
la tendre marjolaine et la violette éclose:
breuvages d'Orient à la saveur exquise!

Ces baisers ne sont pas de ceux qu'on goûte à peine,
ou qui s'en vont mourir tout juste au bout des lèvres:
brisant toute défense, ils pénètrent en fièvre
dans le cœur qui s'échauffe à leur suave haleine.

Et aussitôt la chair devient toute brûlante;
l'âme a brisé ses liens et s'en vient, délivrée,
expirer doucement pour Louise Labé,
goûtant la pure extase en sa bouche accueillante.

Que tu veuilles chanter la femme toute en fièvre
qui repousse l'amant, par trop entreprenant,
d'une hésitante main ; ou celle qui se plaint
des traces qu'on verra de morçures aux lèvres ;

Que tu veuilles chanter le mouvement stellaire,
le retour des saisons, ou l'éclat emprunté
dont Diane, la Lune, habille sa beauté ;
ou la clarté astrale aux régions polaires :

Ton poème sera inspiré des baisers
de Louise Labé, elle qui sait chanter !
Poète couronné, les oreilles zélées
des Grecs et des Romains, tu sauras les charmer !

Vers attribués à Antoine Fumée (1511- v.1575). Rapporteur de France, ami d'Olivier de Magny, il aurait pu être le précepteur de Louise Labé et lui aurait enseigné le latin. Voir ci-dessous les poèmes XV, XIX et XXII.

III SONNET

En grace du Dialogue d'Amour et de Folie, euvre de D. [1] *Louïze Labé Lionnoize.*

Amour est donq pure inclinacion
Du Ciel en nous, mais non necessitante :
Ou bien vertu, qui nos cœurs impuissante[2]
A resister contre son accion ?

C'est donq de l'ame une alteracion
De vain desir legerement naissante
A tout objet de l'espoir perissante,
Comme muable à toute passion ?

1. Dame
2. rend nos cœurs impuissants

Ja[1] ne soit crù que la douce folie
D'un libre Amant d'ardeur libre amollie
Perde son miel en si amer Absynte,

Puis que lon voit un esprit si gentil
Se recouvrer de ce Chaos sutil,
Ou de Raison la Loy se laberynte[2].

NON SI NON LA[3].

Sonnet attribué à Maurice Scève. La devise « NON SI NON LA » accompagne les sonnets d'ouverture et de fermeture de son *Microcosme*.

IV Sonnet

En contemplacion de D.[4] *Louïze Labé.*

Quel Dieu grava cette magesté douce
En ce gay port d'une pronte allegresse ?
De quel liz[5] est, mais de quelle Deesse
Cette beauté, qui les autres destrousse ?

Quelle Syrene hors du sein ce chant pousse,
Qui decevroit le caut Prince de Grece[6] ?
Quels sont ces yeus mais bien quel Trofée est ce,
Qui tient d'Amour l'arc, les trets et la trousse ?

Ici le Ciel liberal me fait voir
En leur parfait, grace, honneur et savoir,
Et de vertu le rare témoignage :

1. déjà (si tôt)
2. s'égare
3. une des devises de Maurice Scève
4. Dame
5. lys
6. le rusé Ulysse qui résista au chant des Sirènes

Ici le traytre Amour me veut surprendre :
Ah ! de quel feu brule un cœur ja [1] en cendre ?
Comme en deus pars se peut il mettre en gage ?

P.D.T [2].

Première version d'un sonnet de Pontus de Tyard repris dans l'édition contemporaine des *Erreurs amoureuses*, Lyon, Jean de Tournes, 1555, avec de légères variantes.

V SONNET

A D [3]. Louïze Labé, sur son portrait.

Jadis un Grec sus une froide image,
Que consacra Praxitele à Cyprine,
Rafreschissant son ardente poitrine,
Rendit du maitre admirable l'ouvrage [4].

Las [5] ! peu s'en faut qu'à ce petit ombrage,
Reconnoissant ta bouche coralline
Et tous les trais de ta beauté divine,
Je n'aye autant porté de témoignage.

Qu'ust fait ce Grec si cette image nue
Entre ses bras fust Venus devenue ?
Que suís je lors quand Louïze me touche

Et l'accollant, d'un long baiser me baise ?
L'ame me part [6], et, mourant en cet aise,
Je la reprens ja [7] fuiant en sa bouche.

Sonnet attribué au graveur Pierre Woéiriot, auteur du fameux portrait de Louise Labé (page suivante).

1. déjà
2. Pontus de Tyard
3. Dame
4. histoire d'un jeune Cnidien amoureux d'une statue de Vénus. Cf. *Débat, supra*, p. 92.
5. hélas
6. quitte
7. déjà

Gravure de Pierre Woéiriot, 1555.
Photo Bibliothèque nationale, Paris.

VI SONNET

Sonnet.

Je laisse apart Meduse [1], et sa beauté,
Qui transmuoit en pierre froide et dure
Ceus qui prenoient à la voir trop de cure,
Pour admirer plus grande nouveauté :

Et reciter la douce cruauté
De BELLE A SOY [2], qui fait bien plus grand'chose,
Lors qu'en son tout grace naïve enclose
Veut eslargir sa douce privauté.

Car d'un corps fait au comble de son mieus,
Du vif mourant contournement des yeus,
A demi clos tournans le blanc en vuë :

Puis d'un soupir mignardement issant,
Avant l'apas d'un souzris blandissant [3],
Les regardans en soymesme transmue.

DEVOIR DE VOIR [4].

Sonnet attribué à Claude de Taillemont, poète néo-platonicien lyonnais, auteur d'un *Discours* féministe, très proche en esprit de l'*Epître* à Clémence de Bourges, où se trouve cette devise (Lyon, 1553).

VII SONNET

A celle qui n'est seulement à soy belle [5].

Si le soleil ne peut tousjours reluire,
Fuir ne faut pourtant tout ce qui luit,

1. fameuse Gorgone qui pétrifiait ceux qui la regardaient
2. anagramme de Louise Labé
3. sourire caressant
4. devise de C. de Taillemont
5. reprise de l'anagramme du sonnet précédent

Car si au Ciel quelqu'autre flamme duit [1],
Sans le Soleil peut bien la clarté luire.

Mais quoy? sans lui, las! on la veut reduire
Au seul plaisir d'un Astre radieus,
Qui autre part d'esclairer envieus,
Par ce moyen peut à la clarté nuire.

Las! quel Climat lui sera donq heureus,
N'ayant faveur que par l'Astre amoureus,
Ou vive meurt cette lueur premiere?

Si d'autre espoir de sa propre vertu
N'est par effet son lustre revetu,
Sous tel Phebus [2] s'esteindra sa lumiere.

DEVOIR DE VOIR [3]

Sonnet attribué à C. de Taillemont.

VIII SONNET

Autre [4] à elle mesme.

Voyez, Amans, voyez si la pitié
A mon secours or [5], à tort je reclame:
Du haut, ou bas, rien n'est, fors [6] ma povre ame,
Qui n'ait gouté quelque fruit d'amitié.

Par quel destin, las! toute autre moitié
La mienne fuit suivant l'ingrate trace
De celle là, dont esperant la grace,
Acqui je n'ay que toute inimitié?

1. convient, plaît
2. Soleil
3. même devise
4. autre sonnet du même auteur
5. maintenant
6. sauf

O douce Mort (à tous plus qu'à soy belle [1])
A ta clarté ne sois ainsi rebelle,
Ains doucement la fais en toy mourir:

Si tu ne veus par façon rigoureuse
Sans aliment la rendre tenebreuse:
Car ja [2] l'esteint qui la peut secourir.

Sonnet attribué à C. de Taillemont.

1. anagramme de Louise Labé
2. déjà

IX Sonnet

A D. [1] *Louïze, des Muses ou premiere*
ou diziéme [2] *couronnante la troupe.*

Nature ayant en ses Idees pris
Un tel suget, qu'il surpassoit son mieus :
De grace ell' ut pour l'illustrer des Dieus
Otroy entier du plus supernel pris :

Dont elle put l'Univers rendre espris,
Ouvrant l'amas des influz bienheureus,
Duquel le rare epuré par les Cieus
Atire encor le bien né des esprits.

Dieus qui soufrez flamboyer tel Soleil
A vous egal, à vous le plus pareil,
Témoin le front de sa beauté premiere,

Permettrez vous chose si excellente
Patir l'horreur d'Atrope palissante,
Ne la laissant immortelle lumiere ?

D'IMMORTEL ZELE.

1. Dame
2. Sapho était considérée comme la dixième Muse

*

A Dame Louise [Labé], la première
ou plutôt la dixième des Muses,
dont elle couronne le cortège.

La Nature choisit, en sa forme idéale,
un sujet qui était plus que tous excellent ;
et Elle obtint des dieux, par grâce spéciale,
le premier prix pour l'avoir rendu éclatant.

Du coup elle en rendit l'univers tout épris
et libéra des influences bénéfiques
dont la plus pure et rare, en la voûte cosmique,
attire encore ici les plus nobles esprits.

Dieux, qui laissez flamber un si brillant Soleil,
le traitant en égal puisqu'il vous est pareil
et témoignant de sa beauté originelle,

permettrez-vous qu'une chose si excellente
puisse souffrir l'horreur d'une Mort dégradante,
l'empêchant de garder sa lumière immortelle ?

A TOUT JAMAIS FERVENT.

Sonnet attribué à Jean ou Mathieu de Vauzelles (la devise de la famille était : « D'Un Vray Zelle ») et sans doute revu par Maurice Scève qui était leur parent.

X Sonnet italien

Sonetto

Qui dove in braccio al Rodano si vede
Girne la Sona queta, si ch' à pena
Scorger si può là dove l'onde mena,
Si lenta muove entr' al suo letto il piede :

Giunsi punto d'Amor, cinto di Fede,
Di speme privo, e colmo de la pena,
Ch' all' Alma (pria d'ogni dolcezza piena)
Fa di tutto il piacere aperte prede ;

E movendo i sospiri à chiamar voi
(Lungi dal vostro puro aer' sereno)
Sperai vinto dal sonno alta quiete :

Ma tosto udij dirmi da voi : Se i tuoi
Occhi son tristi e molli, i miei non meno,
Così sempre per noi pianto si miete.

*

En ces lieux où l'on voit tranquillement la Saône
se laisser entraîner entre les bras du Rhône
et où le mouvement du courant est si lent
qu'elle entre dans son lit sans savoir trop comment,

habité par l'Amour et la Fidélité,
j'arrivai, sans espoir et avec cette peine
qui s'empare de l'Ame — elle naguère si pleine
de tant de douceurs — pour ôter sa volupté.

Je poussai des soupirs vers vous, et j'espérai
qu'éloigné de votre air si pur et si serein,
vaincu par le sommeil, j'aurais le calme enfin.

Mais soudain j'entendis votre voix qui disait :
« Si tes yeux sont mouillés, les miens le sont autant,
car les pleurs sont toujours la moisson des amants ».

Sonnet attribué à Luigi Francesco Alamanni (Florence, 1495 - Amboise ? 1556) ou à Gabriel Syméoni (Florence, 1509 - Turin, 1575 ?) qui séjourna à Lyon de 1554 à 1556. Cf. Toussaint Renucci, *Un aventurier des lettres au XVIe siècle : Gabriel Syméoni Florentin,* Paris, Didier, 1943.

XI Sonnet italien

Sonetto.

Ardo d'un dolce fuoco, e quest' ardore
Smorzar non cerco; anzi m'è caro tanto,
Che lieto in mezo de le fiamme io canto
Le vostre lodi e 'l sopran vostro honore;

E chieggio in guiderdone al mio Signore
Che non mi dia cagion d'eterno pianto;
Ma d'un' istesso fuoco hoggi altrettanto
Vi porga si ch' ogn' hor n'avvampi il cuore.

Amor seco ogni ben mai sempre apporta,
Quando d'un par desio due Petti invoglia:
Ma s'un ne lascia, è morte atroce e ria:

Siatemi dunque voi sicura scorta:
Svegliate homai questa gravosa spoglia,
Ch' à voi consacrerò la penna mia.

*

Je brûle d'un doux feu et je ne veux pas même
éteindre cette ardeur qui me réchauffe l'âme,
si bien qu'étant heureux au beau milieu des flammes,
je chante votre gloire et votre honneur extrême.

Pour récompense alors je demande au Seigneur
de m'épargner l'objet d'un éternel tourment
mais de vous procurer le feu le plus ardent
qui puisse, à chaque instant, vous brûler tout le cœur.

L'Amour n'apporte pas toujours le vrai bonheur
quand il est un égal désir entre deux cœurs ;
s'il lâche l'un des deux, c'est la mort la plus noire.

Soyez alors pour moi un guide secourable !
Rendez la vie à ma dépouille misérable,
et je consacrerai ma plume à votre gloire !

Sonnet attribué à Luigi Alamanni ou à Gabriel Syméoni, comme le précédent.

XII Ballade italienne

Avventurosi fiori,
Che così dolce seno,
Che così care chiome in guardia haveste;
Benedetto il sereno
Aër' dove nascete;
E' que' mille colori
Di cui natura ìn voi vaga si piacque:
Ben' fù dolce destino
Il vostro, e' quel' mattino
Che sì felice al morir' vostro nacque:
Vinchino hor' vostri odori
Gli odorosi Sabei, gli Arabi honori.

Dolce Luisa mia
Che tanto bella sete
Quanto esser' vi volete: E come il core
Havete sculto amore, e cortesia:
Tal' ne gli occhi di lor' si scorge traccia;
Da queste dolci braccia,
Da questi ardenti baci, anima bella,
Morte sola mi svella
Ne unqua mai fra noi maggior' si sia
Paura e' gelosia.

Altra luce non veggio;
Altro sole, alma bella,
Fuor' che i vostri occhi santi
Non hò: e' questi hor' chieggio
Sol' per mia guida e' stella
Sempre come hor' sereni.
A voi beati amanti
Altra invidia, altro zelo
Non havrò mai, se il cielo
Vuol' che io mia vita meni
In cosi fatta guisa
A i dolci raggi lor' dolce Luisa.

Fleurs fortunées
qui avez su garder
un sein si doux et des cheveux si chers,
bienheureuse est la sérénité de l'air
où vous êtes nées!
et bienheureuses ces mille couleurs
où la Belle Nature trouva en vous son bonheur!
Douce a été la Destinée,
et douce cette matinée
qui eut la chance de naître alors que vous mouriez!
Puissent donc maintenant vos senteurs l'emporter
sur celles de Saba, l'Arabie réputée!

Douce Louise, ma bien-aimée,
qui êtes aussi belle que vous le voulez,
vous avez l'amour et l'honnêteté
dans le cœur sculptés:
car dans vos yeux on en voit bien la trace.
De vos bras qui si doucement m'enlassent,
de vos baisers, belle âme, si ardents,
seule la Mort m'enlèvera vraiment
pour que jamais il n'y ait entre nous, amie,
une plus forte peur et plus de jalousie!

Je ne vois d'autre clarté;
je n'ai d'autre soleil, belle âme,
que vos yeux si sacrés.
Maintenant ce sont eux que je réclame
comme seul guide et comme seule étoile,
toujours, comme aujourd'hui, sans voile.
Car envers vous, heureux amants,
je n'aurai jamais d'autre empressement
ni d'autre envie,
si le Ciel veut que je mène ma vie
de la seule façon requise:
aux doux rayons de vos yeux, douce Louise.

Ballade attribuée à Luigi Alamanni ou à Gabriel Syméoni, comme les deux sonnets précédents.

XIII EPIGRAMME

Estreines [1], *à dame Louïze Labé.*

Louïze est tant gracieuse et tant belle,
Louïze à tout est tant bien avenante,
Louïze ha l'œil de si vive estincelle,
Louïze ha face au corps tant convenante,
De si beau port, si belle et si luisante,
Louïze ha voix que la Musique avoue,
Louïze ha main qui tant bien au lut joue,
Louïze ha tant ce qu'en toutes on prise,
Que je ne puis que Louïze ne loue,
Et si ne puis assez louer Louïze.

Poème attribué à Clément Marot.

XIV EPIGRAMME

A D. L. L. [2]

Ton lut hersoir [3] encor se resentoit
De ta main douce, et gozier gracieus,
Et sous mes doits sans leur ayde chantoit:
Quand un Demon [4], ou sur moy envieus,
Ou de mon bien se feingnant soucieus,
Me dit: c'est trop sus un lut pris plaisir.
N'aperçois tu un furieus desir
Cherchant autour de toy une cordelle [5],
Pour de ton cœur la dame au lut saisir?
Et, ce disant, rompit ma chanterelle.

Poème attribué à Clément Marot.

1. Du latin: *strena*, bon présage; offrande de vers lyriques d'un genre proche de l'épigramme
2. A Dame Louise Labé
3. hier au soir
4. du grec: *daimon*, génie bon ou mauvais
5. jeu allusif sur le Belle Cordière (Louise Labé)

XV Epitre

Epitre à ses amis, des gracieusetez de D. L. L. [1]

Que faites vous, mes compagnons,
Des cheres Muses chers mignons?
Av'ous [2] encore en notre absence
De votre Magny souvenance?
5 Magny votre compagnon dous,
Qui ha souvenance de vous
Plus qu'assez, s'une Damoiselle,
Sa douce maitresse nouvelle,
Qui l'estreint d'une estroite Foy
10 Le laisse souvenir de soy.
Mais le Povret qu'Amour tourmente
D'une chaleur trop vehemente,
En oubli le Povret ha mis
Soymesme et ses meilleurs amis:
15 Et le Povret à rien ne pense,
Et si n'a de rien souvenance,
Mais seulement il lui souvient
De la maitresse qui le tient,
Et rien sinon d'elle il ne pense,
20 N'ayant que d'elle souvenance.
Et, tout brulé du feu d'amours
Passe ainsi les nuits et les jours,
Sous le joug d'une Damoiselle
Sa douce maitresse nouvelle,
25 Qui le fait ore esclave sien,
Ataché d'un nouveau lien:
Qui le cœur de ce miserable
Brule d'un feu non secourable,
Si le secours soulacieus
30 Ne lui vient de ses mesmes yeus,
Qui premiers sa flamme alumerent,
Qui premiers son cœur enflammerent,

1. Dame Louise Labé
2. Avez-vous

Et par qui peut estre adouci
L'amoureus feu de son souci.
35 Mais ny le vin ny la viande,
Tant soit elle douce et friande,
Ne lui peuvent plus agreer.
Rien ne pourroit le recreer,
Non pas les gentilesses belles
40 De ces gentiles Damoiselles,
De qui la demeure lon met
Sur lHeliconien sommet [1],
Qu'il avoit tousjours honorees,
Qu'il avoit tousjours adorees
45 Des son jeune aage nouvelet,
Encores enfant tendrelet.
Adieu donq Nynfes, adieu belles,
Adieu gentiles Damoiselles,
Adieu le Chœur Pegasien [2],
50 Adieu l'honneur Parnasien [3].
Venus la mignarde Deesse,
De Paphe [4] la belle Princesse,
Et son petit fils Cupidon,
Me maitrisent de leur brandon.
55 Vos chansons n'ont point de puissance
De me donner quelque allegeance
Aus tourmens qui tiennent mon cœur
Genné [5] d'une douce langueur
Je n'ay que faire de vous, belles:
60 Adieu, gentiles Damoiselles:
Car ny pour voir des monceaus d'or
Assemblez dedens un tresor,
Ny pour voir flofloter le Rone,
Ny pour voir escouler la Sone,
65 Ny le gargouillant ruisselet,
Qui coulant d'un bruit doucelet,

1. L'Hélicon, mont de Grèce consacré aux Muses (cf. le Parnasse)
2. les Muses
3. le Parnasse, mont consacré à Apollon et aux Muses
4. Paphos, ville de Chypre célèbre pour son temple de Vénus
5. tourmenté

A dormir, d'une douce envie,
Sur la fresche rive convie:
Ny par les ombreus arbrisseaux
70 Le dous ramage des oiseaux
Ny violons, ny espinettes,
Ny les gaillardes chansonnettes,
Ny au chant des gaies chansons
Voir les garces et les garçons
75 Fraper en rond, sans qu'aucun erre,
D'un branle mesuré, la terre.
Ny tout celà qu'a de joyeus
Le renouveau delicieus;
Ny de mon cher Givés [1] (qui m'ayme
80 Comme ses yeus) le confort mesme.
Mon cher Givés, qui comme moy
Languit en amoureus émoy,
Ne peuvent flater la langueur
Qui tient genné [2] mon povre cœur:
85 Bien que la mignarde maitresse,
Pour qui je languis en détresse,
Contre mon amoureus tourment
Ne s'endurcisse fierement [3]:
Et bien qu'ingrate ne soit celle,
90 Celle gentile damoiselle
Qui fait d'un regard bien humain,
Ardre cent feus dedens mon sein.
Mais que sert toute la caresse
Que je reçoy de ma maitresse?
95 Et que me vaut passer les jours
En telle esperance d'amours,
Si les nuiz de mile ennuiz pleines
Rendent mes esperances veines?
Et les jours encor plein d'ennuiz,
100 Qu'absent de la belle je suiz,
Quand je meurs, absent de la belle,
Ou quand je meurs present pres d'elle

1. Michel de Gyvès à qui Magny a dédié une ode pastorale dans ses *Amours* de 1553
2. tourmenté
3. sauvagement

N'osant montrer (o dur tourment!)
Comme je l'ayme ardantement?
105 Celui vraiment est miserable
Qu'amour, voire estant favorable,
Rend de sa flame langoureus.
Chetif quiconque est amoureus,
Par qui si cher est estimee
110 Une si legere fumee
D'un plaisir suivi de si pres
De tant d'ennuiz qui sont apres.
Si [1] ay je aussi cher estimee
Une si legere fumee [2].

Attribuée d'abord à Olivier de Magny, cette épître figure sous forme de « chanson » dans les *Amours de Francine* de Jean-Antoine de Baïf (Paris, A. Wechel, 1555) avec plusieurs variantes importantes : en particulier les noms de Baïf et de Tahureau remplacent ceux de Magny et de Gyvès.

XVI SONNET

Des beautez de D. L. L. [3]

Ou print l'enfant Amour le fin or qui dora
En mile crespillons ta teste blondissante?
En quel jardin print il la roze rougissante
Qui le liz argenté de ton teint colora?

La douce gravité qui ton front honora,
Les deus rubis balais [4] de ta bouche allechante,
Et les rais de cet œil qui doucement m'enchante
En quel lieu les print il quand il t'en decora?

1. du moins
2. allusion possible à Antoine Fumée (cf. poèmes II, XIX et XXII)
3. Dame Louise Labé
4. balcons ou auvents

D'ou print Amour encor ces filets et ces lesses [1]
Ces hains [2] et ces apasts que sans fin tu me dresses
Soit parlant ou riant ou guignant de tes yeus ?

Il print d'Herme [3], de Cypre [4], et du sein de l'Aurore,
Des rayons du Soleil, et des Graces encore,
Ces atraits et ces dons, pour prendre hommes et Dieus.

Ce sonnet d'Olivier de Magny est repris dans les *Soupirs* de 1557, sonnet XXXII, où le dernier vers est interrogatif.

XVII Chanson

A elle mesme [5].

O ma belle rebelle,
Las [6] que tu m'es cruelle !
Ou quand d'un dous souzris [7]
Larron de mes esprits,
Ou quand d'une parole
Si mignardement mole,
Ou quand d'un regard d'yeus
Traytrement gracieus,
Ou quand d'un petit geste
Non autre que celeste,
En amoureuse ardeur
Tu m'enflammes le cœur.
O ma belle rebelle,
Las que tu m'es cruelle !
Quand la cuisante ardeur
Qui me brule le cœur,

1. laisses : chiens de chasse
2. hameçons
3. Hermès-Mercure (dieu des voleurs)
4. Chypre, île consacrée à Vénus, mère de Cupidon
5. à elle aussi
6. Hélas !
7. sourire

Veut que je te demande
A sa brulure grande
Un rafreschissement
D'un baiser seulement.
  O ma belle rebelle,
Que tu serois cruelle!
Si d'un petit baiser
Ne voulois l'apaiser,
Au lieu d'alegement
Acroissant mon tourment.
Me puisse je un jour, dure,
Vanger de cette injure:
Mon petit maitre Amour [1]
Te puisse outrer [2] un jour,
Et pour moy langoureuse
Il te face amoureuse,
Comme il m'a langoureus
Pour toy fait amoureus.
Alors par ma vengeance
Tu auras connoissance
Que vaut d'un dous baiser
Un Amant refuser.
Et si je te le donne,
Ma gentile mignonne,
Quand plus fort le desir
En viendroit te saisir:
Lors apres ma vengeance,
Tu auras connoissance
Quel bien fait, d'un baiser
L'Amant ne refuser.

Cette chanson de Jean-Antoine de Baïf est reprise dans les *Amours de Francine* (Paris, A. Wechel, 1555) où elle compte 48 vers et des variantes nombreuses.

1. Cupidon
2. blesser

XVIII RONDEAU

Double rondeau, à elle.

Estant navré [1] d'un dard secrettement
Par Cupidon, et blessé à outrance,
Je n'osois pas declairer mon tourment
Saisi de peur, delaissé d'esperance,
Mais celui seul, qui m'avoit fait l'ofense,
M'a asseuré [2], disant que sans ofense
Je pouvois bien mon ardeur deceler [3],
Ce que j'ay fait, sans plus le receler [4]
Estant navré.

A une donq povrement assuré [2],
Creingnant bien fort d'elle estre refusé
Ay declairé du tout ma doleance :
Et sur mon mal hardiment excusé
Lui supliant me donner allegeance [5],
Ou autrement je perdrois pacience
Estant navré.

Au mien propos ha si bien respondu
Celle que j'ay plus chere, que mon ame,
Et mon vouloir sagement entendu,
Que je consens qu'il me soit donné blame
Si je l'oublie : car elle m'a rendu
Le sens, l'esprit, l'honneur, le cœur et l'ame,
Estant navré.

Rondeau attribué à Mellin de Saint-Gelais.

1. blessé
2. rassuré
3. révéler
4. cacher
5. soulagement

XIX Ode

Odes en faveur de D [1]. *Louïze Labé, à son bon Signeur. D.M* [2].

I Muses, filles de Jupiter,
Il nous faut ores[3] aquiter
Vers ce docte et gentil Fumee [4],
Qui contre le tems inhumain
Tient vos meilleurs trets en sa main,
Pour paranner[5] sa renommee.

II Je lui dois, il me doit aussi :
Et si j'ay ores du souci
Pour faire mon payment plus dine [6],
Je le voy ores devant moy
En un aussi plaisant émoy
Pour faire son Ode Latine [7].

III Mais par ou commencerons nous ?
Dites le, Muses : car sans vous
Je ne fuis l'ignorante tourbe [8],
Et sans vous je ne peu chanter
Chose qui puisse contenter
Le pere de la lyre courbe [9].

IV Quand celui qui jadis naquit [10]
Dans la tour d'erein, que conquit
Jupiter d'une caute ruse,

1. Dame
2. De Magny
3. maintenant (mot ajouté dans l'*erratum*)
4. A. Fumée (cf. poèmes II, XV et XXII)
5. perpétuer
6. digne
7. c'est l'ode II sur les baisers de L. Labé
8. foule
9. Mercure, inventeur de la lyre selon Horace
10. Persée, fils de Jupiter et de Danaé

Ut trenché le chef[1] qui muoit
En rocher celui qu'il voyoit,
Le chef hideus de la Meduse :

v Adonques, par l'air s'en allant,
Monté sur un cheval volant[2],
Il portoit cette horrible teste :
Et ja desja voisin des Cieus
Il faisoit voir en mile lieus
La grandeur de cette conqueste.

vi Tandis du chef ainsi trenché
Estant freschement arraché,
Distiloit du sang goute à goute :
Qui soudein qu'en terre il estoit,
Des fleurs vermeilles enfantoit,
Qui changeoient la campagne toute,

vii Non en serpent, non en ruisseau,
Non en loup, et non en oiseau,
En pucelle, Satire ou Cyne :
Mais bien en pierre : faisant voir
Par un admirable pouvoir
La vertu de leur origine.

viii Et c'est aussi pourquoy je crois,
Que fendant l'air en mile endrois
Sur mile estrangeres campagnes,
A la fin en France il vola,
Ou du chef hideus s'escoula
Quelque sang entre ces montagnes :

ix Mesmement aupres de ce pont
Opposé viz à viz du mont,
Du mont orguilleus de Forviere[3] :

1. il trancha la tête de Méduse qui pétrifiait ceux qui la regardaient
2. Pégase, cheval ailé né du sang de Méduse décapitée
3. Fourvière, célèbre colline de Lyon

En cet endroit ou je te vois
Egaier meinte et meintefois
Entre l'une et l'autre riviere [1].

x Car deslors que fatalement
J'en aprochay premierement,
Je vis des la premiere aproche
Je ne say quelle belle fleur:
Qui soudein mesclavant le cœur [2]
Le fit changer en une roche.

XI Je viz encor tout à lentour
Mile petis freres d'Amour,
Qui menoient mile douces guerres,
Et mile creintifs amoureus
Qui tous comme moy langoureus
Avoient leurs cœurs changez en pierres.

XII Depuis estant ainsi rocher,
Je viz pres de moy aprocher
Une Meduse plus acorte [3]
Que celle dont s'arme Pallas [4],
Qui changea jadis cet Atlas
Qui le Ciel sur l'eschine porte [5].

XIII Car elle, ayant moins de beautez,
De ces cheveux enserpentez [6]
Faisoit ces changements estranges:
Mais cetteci, d'un seul regard
De son œil doucement hagard
Fait mile plus heureus eschanges.

1. la Saône et le Rhône qui se rejoignent à Lyon
2. rendant mon cœur esclave
3. agréable
4. Pallas-Athéna, offensée par Méduse, donna à celle-ci le pouvoir de pétrifier
5. condamné par Jupiter à soutenir le ciel de ses épaules
6. Athéna avait changé les beaux cheveux de Méduse en serpents

XIV Celui qui voit son front si beau
Voit un Ciel, ainçois [1] un tableau
De cristal, de glace, ou de verre :
Et qui voit son sourcil benin,
Voit le petit arc hebenin [2]
Dont Amour ses traits nous desserre [3].

XV Celui qui voit son teint vermeil,
Voit les roses qu'à son réveil
Phebus épanit [4] et colore :
Et qui voit ses cheveus encor,
Voit dens Pactole le tresor [5]
Dequoy ses sablons il redore.

XVI Celui qui voit ses yeus jumeaus,
Voit au Ciel deus heureus flambeaus,
Qui rendent la nuit plus cerene :
Et celui qui peut quelquefois
Escouter sa divine voix
Entend celle d'une Sirene [6].

XVII Celui qui fleure en la baisant
Son vent si dous et si plaisant,
Fleure l'odeur de la Sabee [7] :
Et qui voit ses dens en riant
Voit des terres de l'Orient
Meinte perlette desrobee.

XVIII Celui qui contemple son sein
Large, poli, profond et plein,

1. ou plutôt
2. couleur d'ébène (noir)
3. décoche
4. le Soleil épanouit
5. rivière de Lydie qui roulait des paillettes d'or
6. les Sirènes séduisaient les voyageurs par leur chant et les attiraient sur les écueils
7. Royaume de Saba, pays de l'or, de l'encens et des parfums, célébré par Virgile et Ovide (cf. M. Scève, *Delie*, dizain 166 : « l'odorante Sabée » et Ballade XII, *supra*, « Gli odorosi Sabei »).

De l'Amour contemple la gloire,
Et voit son teton rondelet,
Voit deus petis gazons de lait,
Ou bien deus boulettes d'ivoire.

XIX Celui qui voit sa belle main,
Se peut asseurer tout soudein
D'avoir vu celle de l'Aurore [1] :
Et qui voit ses piez si petis,
S'asseure que ceux de Thetis [2]
Heureus il ha pù voir encore.

XX Quant à ce que l'acoutrement
Cache, ce semble, expressement
Pour mirer sur ce beau chef d'euvre,
Nul que l'Ami ne le voit point :
Mais le grasselet embonpoint
Du visage le nous descœuvre.

XXI Et voilà comment je fuz pris
Aus rets de l'enfant de Cypris [3],
Esprouvant sa douce pointure [4] :
Et comme une Meduse fit,
Par un dommageable proufit,
Changer mon cœur en pierre dure.

XXII Mais c'est au vray la rarité
De sa grace et de sa beauté,
Qui ravit ainsi les personnes :
Et qui leur óte cautement [5]
La franchise et le sentiment,
Ainsi que faisoient les Gorgonnes [6].

1. « L'Aurore aux doigts de rose » (Homère)
2. « La déesse aux pieds d'argent » (Homère)
3. dans les filets de Cupidon
4. piqûre, blessure
5. par ruse
6. Méduse et ses deux sœurs

XIII Le Tems cette grand'fauls tenant [1]
Se vét de couleur azuree,
Pour nous montrer qu'en moissonnant
Les choses de plus de duree
Il se gouverne par les Cieus :
Et porte ainsi la barbe grise
Pour faire voir qu'Hommes et Dieus
Ont de lui leur naissance prise.

XIV Il assemble meinte couleur
Sur son azur, pource qu'il treine
Le plaisir apres la douleur
Et le repos apres la peine :
Montrant qu'il nous faut endurer
Le mal, pensant qu'il doit fin prendre,
Comme l'Amant doit esperer
Et merci de sa Dame atendre.

XV Il porte sur son vétement,
Un milier d'esles empennees [2],
Pour montrer comme vitement
Il s'en vole avec nos annees :
Et s'acompagne en tous ses faits
De cette gente Damoiselle,
Confessant que tous ses efets
N'ont grace ne vertu sans elle.

XVI Elle s'apelle Ocasion,
Qui chauve par derriere porte,
Sous une docte allusion,
Ses longs cheveus en cette sorte :
A fin d'enseigner à tous ceus
Qui la rencontrent d'aventure
De ne se montrer paresseus
A la prendre à la chevelure.

1. le temps est représenté souvent comme un vieillard barbu, moissonnant les jours de sa faux
2. ailes garnies de plumes

XXVII Car, s'elle se tourne et s'en fuit,
En vain apres on se travaille [1];
Sans espoir de fruit on la suit.
Le Tems ce dous loisir nous baille,
De pouvoir gayement ici
Dire et ouir maintes sornettes,
Et adoucir notre souci,
En contant de nos amourettes.

XXVIII Le Tems encore quelquefois,
Admirant ta grace eternelle,
Chantera d'une belle voix
D'Avanson [2] ta gloire eternelle:
Mais or' l'ocasion n'entend
Que plus long tems je l'entretienne,
Creignant perdre l'heur [3] qui m'atend
Ou qu'autre masque ne survienne.

Cette ode est reprise dans le second livre des *Odes* d'Olivier de Magny (Paris, A. Wechel, 1559) où elle compte plusieurs variantes et où les six dernières strophes sont omises.

XX MADRIGAL ITALIEN

Madrigale.

Arse così per voi, Donna, il mio core
Il primo dì ch'intento vi mirai,
Che certo mi pensai
Che non potesse in me crescere più ardore:
Ma in voi beltà crescendo d'hor' in hora,
Cresc' in me il fuoco ancora,
Il qual non potrà mai crescer' sì poco
Ch' altro non sarò più che fiamme e fuoco.

1. se démène, se met en peine.
2. Jean d'Avanson, protecteur de Magny et ambassadeur à Rome de 1550 à 1555
3. le bonheur

Ainsi mon cœur pour vous, Madame, a tant brûlé
en ce premier jour où je vous ai contemplée
qu'aussitôt j'ai été vraiment persuadé
que ce feu ne pourrait plus jamais augmenter.
Mais en vous la beauté augmentant d'heure en heure,
je sens venir en moi encore plus d'ardeur :
si elle continue à brûler tant soit peu,
j'en serai tôt réduit à n'être plus que feu.

Ce madrigal est attribué, comme les trois poèmes italiens précédents, soit à Luigi Alamanni soit à Gabriel Syméoni. Il semble d'une facture et d'un style différents des trois pièces déjà mentionnées.

XXI Ode

Ode.

I Toute bonté abondante [1]
Aus gouverneurs des Saints Cieus,
Un, qui de main foudroyante
Estonne [2] mortels et Dieus,
Ensemença ces bas lieus,
De diversité d'atomes
Formez de ce vertueus
Surpassant celui des hommes,

II Lesquels d'une destinee
Sous quelque fatal heureus,
Pour former une bien nee
Furent ensemble amoureus :
Et goutant le savoureus,
Lequel ou l'Amour termine,
Ou le rend plus doucereus,
La font voir chose divine,

1. abondant
2. frappe de stupeur

III Mesmement si familiere
A la troupe des neuf Sœurs [1]
Qu'elles l'ont pour leur lumiere
Fait lampeger [2] en leurs chœurs :
Là recevant les honneurs
De ceus, qu'on n'a laissé boire
Aus sourses et cours donneurs
De perpetuelle gloire,

IV Elle le fait aparoitre
Au docte de ses escriz,
Qu'on voit journellement naitre,
Et devancer les esprits,
Qui avoient gaigné le pris
D'estre mieus luz en notre aage.
O feminin entrepris [3]
De l'immortalité gage !

V Qui une flame amoureuse,
Qui mieus les passionnez,
Et de veine plus heureuse
Discerne les aptes nez,
Et à l'Amour fortunez,
De ceux, lesquels à outrance
Seront tousjours mal menez,
Et repuz d'une esperance ?

VI Qui de langue plus diserte
Fait le Musagete orer [4]
Contre l'eloquence experte
Du Dieu [5] qui peut atirer
Par le caut [6] de son parler
L'erreur à la vraye trace ?

1. les Muses
2. briller
3. féminine entreprise
4. Fait plaider Apollon, conducteur des Muses et défenseur de l'Amour dans le *Débat*
5. Mercure, défenseur de la Folie dans le *Débat*
6. la ruse

Qui pres d'eus peut sommeiller,
Comme elle, sur le Parnasse [1]?

II Donq que sur ses temples [2] vole
Ce vert entortillonné [3]
Pris de la ramure mole
De la fuyarde Daphné [4],
Et doctement façonné
Pour orner la seur de celle,
Qui sortit, le coup donné
En armes, de la cervelle [5].

Ode attribuée à Antoine du Moulin qui édita, entre autres, les œuvres de Pernette du Guillet.

XXII Sonnet

Sonnet à D.L.L. par A.F.R [6].

Si de ceus qui ne t'ont connue, qu'en lisant
Tes Odes et Sonnets, Louïze, es honoree :
Si ta voix de ton lut argentin temperee,
D'arrester les passans est moyen sufisant :

Et si souvent tes yeus d'un seul rayon luisant
Ont meinte ame en prison pour t'adorer serree :
Tu te peus bien de moy tenir toute asseuree.
Car si jamais ton œil sus un cœur fut puissant,

Il ha esté sur moy, et fait meinte grand'playe :
Telle grace à chanter, baller [7], sonner te suit,
Qu'à rompre ton lien ou fuir je n'essaye.

1. sur la montagne inspirée, comme Ennius
2. tempes
3. tressé
4. le laurier
5. Minerve sortit tout armée du cerveau de Jupiter
6. à Dame Louise Labé par Antoine Fumée, Rapporteur (ou Rochois)
7. danser

Tant tes vers amoureus t'ont donné los et bruit [1],
Qu'heureus me sens t'avoir non le premier aymee,
Mais prisé ton savoir avant la renommee.

Sonnet attribué à A. Fumée comme l'ode latine ci-dessus (II).

XXIII Vers latins en traduction

A Dame Louïze Labé, Lionnoize, la comparant aus Cieus.

Sept feus [2] on voit au Ciel, lesquels ainsi
Sont tous en toy meslez ensemblement.
Phebé [3] est blanche et tu es blanche aussi.
Mercure est docte : et toy pareillement.

Venus tousjours belle : semblablement
Belle tousjours à mes yeux tu te montre.
Tout de fin or est le chef [4] du Soleil :
Le tien au sien je voy du tout pareil.
Mars est puissant : mais il creint ta rencontre.

Jupiter tient les Cieus en sa puissance :
Ta grand' beauté tient tout en son pouvoir.
Saturne au Ciel ha la plus haute essence :
Tu as aussi la douce jouissance
Du plus haut heur [5] qu'autre pourroit avoir.

Donq qui veut voir les grands dons, que les Dieus
Ont mis en toy, qu'il contemple les Cieus.

L'original de ce poème latin est du poète pétrarquiste néo-latin Jérôme Angérianus (Girolamo Angeriano) :

1. gloire et réputation
2. les sept planètes
3. la lune
4. la tête
5. bonheur

« Septem errant ignes par Caeli mobilis axes... » On le trouve dans un recueil publié à Spire en 1595 et signalé par Breghot du Lut en 1824. Cette traduction pourrait être de Mellin de Saint-Gelais.

XXIV Ode

Des louenges de Dame Louïze Labé, Lionnoize.

I Il ne faut point que j'appelle
Les hauts Dieus à mon secours,
Ou bien la bande pucelle [1]
Pour m'ayder en mon discours.
5 Puis que les Dieus, de leur grace,
Les saintcs Muses, les Cieus,
Ont tant illustré la face,
Le corps, l'esprit curieus
De celle, dont j'apareille [2]
10 La louenge nompareille,
Je congnoy bien clerement
Que toute essence divine
Me favorise, et s'encline
A ce beau commencement.

II 15 Sus sus donq, blanche senestre [3],
Fay tes resonans effors:
Et toy, ô mignarde destre [4],
Chatouille ses dous acors:
Chantons la face angelique,
20 Chantons le beau chef doré [5],
Si beau, que le dieu Delphique [6]
D'un plus beau n'est decoré.

1. les neuf Muses
2. prépare, fournis
3. Allons, allons donc, blanche main gauche,
4. délicate main droite
5. la belle tête blonde
6. Apollon

Noublions en notre metre
Comme elle osa s'entremettre
25 D'armer ses membres mignars:
Montrant au haut de sa teste
Une espouvantable creste [1]
Sur tous les autres soudars [2].

III O noble, ô divin chef d'euvre
30 Des Dieus hauteins tous puissans,
Au moins meintenant descœuvre
Tes yeus tous resjouissans,
Pour voir ma Muse animee,
Qui de sa robuste main
35 Haussera ta renommee
Trop mieux que ce vieil Rommain [3]
Qui sa demeure ancienne,
La terre Saturnienne [4]
Delaissa pour ta beauté,
40 Afin qu'à toy rigoureuse
Il fut hostie [5] piteuse
En sa ferme loyauté.

IV La Muse docte divine
Du vieillard audacieus [6],
45 Par le vague s'achemine [7]
Pour t'enlever jusqu'aus Cieus:
Mais la Parque naturelle [8]
Dens les Iberiens chams [9],
Courut desemplumer l'aile
50 De ses pleurs et de ses chans:
Envoyant en sa vieillesse,
Mal seant en ta jeunesse,

1. un casque terrifiant
2. soldats
3. probablement Luigi Alamanni
4. l'Italie
5. victime
6. cf. « ce vieil Rommain » vers 36
7. vient dans le vide
8. divinité du Destin, maîtresse de la vie et de la mort
9. l'Espagne

Son corps, au tombeau ombreus:
Et son ame enamouree
55 En l'obscure demouree
Des Royaumes tenebreus.

V Dieus des voutes estoilees,
Qui en perdurable tour [1]
Retiennent emmantelees [2]
60 Les terres, tout à l'entour:
Permetez moy que je vive
Des ans le cours naturel,
A fin qu'a mon gré j'escrive
En un ouvrage eternel,
65 De cette noble Deesse
La beauté enchanteresse,
Ce qu'elle ha bien merité:
Et qu'en sa gloire immortelle,
On voye esbahie en elle
70 Toute la posterité.

VI Ainsi que Semiramide [3],
Qui feignant estre l'enfant
De son mari, print [4] la guide
Du Royaume trionfant,
75 Puis démantant la Nature
Et le sexe feminin,
Hazarda à l'aventure
Son corps jadis tant benin,
Courant furieuse en armes
80 Parmi les Mores gendarmes [5],
Et es Indiques dangers [6]

1. cercle éternel
2. comme couvertes d'un manteau
3. allusion à l'amour incestueux de Sémiramis pour son fils Ninias (cf. *Débat* et *Élégie I*)
4. prit
5. les soldats d'Afrique
6. aux dangers d'Asie

De sa rude simeterre[1]
Renversant dessus la terre
Les escadrons estrangers.

VII 85 Ainsi qu'es Alpes cornues
(Qui, soit hiver soit Esté,
Ont tousjours couvert de nues,
Le front au Ciel arresté)
On voit la superbe teste
90 D'un roc de pins * emplumé,
Ravie par la tempeste
De son corps acoutumé,
En roullant par son orage,
Froisser tout le labourage,
95 Des Beufs les apres travaus,
Ne laissant rien en sa voye.
Qu'en pieces elle n'envoye,
Cherchant les profondes vaux.

VIII Ou comme Penthasilee[2],
100 Qui pour son ami Hector
Combatoit entremeslee
Par les Grecs, aus cheveus d'or,
Ores[3] de sa roide lance
Enferrant l'un au travers,
105 Or' du branc[4] en violance
Trebuchant l'autre à l'envers:
Et ainsi que ces pucelles
Qui l'une de leurs mammelles
Se bruloient pour s'adestrer[5]
110 Aus combas et entreprises
Aus bons guerroyeurs requises,
Pour l'ennemi rencontrer:

* Aphérèse pour *sapins*. [note des éditions anciennes]
1. cimeterre, large sabre oriental recourbé
2. Penthésilée, reine des Amazones, combattit pour Troie (et Hector
3. ores… or': tantôt… tantôt…
4. sabre
5. se dresser, se rendre adroites

IX Louïze ainsi furieuse
En laissant les habiz mols
115 Des femmes, et envieuse
De bruit, par les Espagnols
Souvent courut, en grand' noise [1],
Et meint assaut leur donna,
Quand la jeunesse Françoise
120 Parpignan environna.
Là sa force elle desploye,
Là de sa lance elle ploye
Le plus hardi assaillant :
Et brave dessus la celle [2],
125 Ne demontroit rien en elle
Que d'un chevalier vaillant.

X Ores [3] la forte guerriere
Tournoit son destrier [4] en rond :
Ores [5] en une carriere [5]
130 Essayoit s'il estoit pront :
Branlant en flots son panache,
Soit quand elle se jouoit
D'une pique, ou d'une hache,
Chacun Prince la louoit :
135 Puis ayant à la senestre [6]
L'espee ceinte, à la destre [7]
La dague, enrichies d'or,
En s'en allant toute armee,
Ell' sembloit parmi l'armee
140 Un Achile, ou un Hector.

XI L'orguilleus fils de Climene [8]
Nous peut bien avoir apris

1. allusion au siège ou au tournoi de Perpignan (voir Chronologie)
2. selle
3. tantôt
4. cheval de bataille
5. là où se déroulait le tournoi
6. du côté gauche
7. du côté droit
8. Prométhée

Qu'il ne faut par gloire vaine
Qu'un grand trein soit entrepris.
145 L'entreprise qui est faite
Sans le bon conseil des Dieus
N'a point, ainsi qu'on souhaite,
Son dernier efet joyeus :
Ainsi cette belliqueuse
150 Ne fut jamais orguilleuse :
Telle au camp elle n'alla :
Ains [1] ce fut à la priere
De Venus, sa douce mere,
Qui un soir lui en parla.

XII 155 Un peu plus haut que la plaine,
Ou le Rone impetueus
Embrasse la Sone humeine
De ses grans bras tortueus,
De la mignonne pucelle
160 Le plaisant jardin estoit,
D'une grace et façon telle
Que tout autre il surmontoit :
En regardant la merveille
De la beauté nompareille
165 Dont tout il estoit armé,
Celui bien on l'ust pù dire
Du juste Roy de Corcyre [2]
En pommes tant renommé.

XIII A l'entree on voyoit d'herbes
170 Et de thin verflorissant,
Les lis et croissans superbes
De notre Prince puissant [3] ;
Et tout autour de la plante
De petits ramelets vers
175 De marjoleine flairante
Estoient plantez ces six vers :

1. Mais
2. Alcinoüs dont les vergers ont été chantés par Homère
3. les lys de France et les croissants de Henri II

DV TRESNOBLE ROY DE FRANCE
LE CROISSANT NEVVE ACROISSANCE
DE IOVR EN IOVR REPRENDRA,
IVSQVES A TANT QVE SES CORNES
IOINTES SANS AVCVNES BORNES
EN VN PLEIN ROND IL RENDRA [1].

XIV Tout autour estoient des treilles
Faites avec un tel art,
185 Qu'aucun n'ust sù sans merveilles
Là espandre son regard :
La voute en estoit sacree
Au Dieu en Inde invoqué [2],
Car elle estoit acoutree
190 Du sep au raisin musqué :
Les coulomnes bien polies
Estoient autour enrichies
De Romarins et rosiers,
Lesquels faciles à tordre
195 S'entrelassoient en bel ordre
En mile neus fais d'osiers.

XV Au milieu, pour faire ombrage,
Estoient meints arceaux couvers
De Coudriers et d'un bocage
200 Fait de cent arbres divers :
Là l'Olive palissante
Qu'Athene tant reclama [3],
Et la branche verdissante
Qu'Apolon jadis ayma [4]:
205 Là l'Arbre droit de Cibelle [5]
Et le cerverin rebelle
Au plaisir venerien [6] :

1. les vers 177-182 sont une paraphrase de la devise de Henri II : double croissant avec « Donec totum impleat orbem »
2. Bacchus, conquérant des Indes
3. l'olivier consacré à Minerve (Athéna)
4. le laurier consacré à Apollon
5. le pin consacré à Cybèle
6. l'*agnus castus*, anti-aphrodisiaque

Avec l'obscure ramee
Par Phebe jadis formee
210 Du corps Cyparissien[1].

XVI Sous cette douce verdure,
Soit en sa gaye saison
Ou quand la triste froidure
Nous renferme en la maison,
215 Tarins, Rossignols, Linotes
Et autres oiseaus des bois
Exercent en gayes notes
Les dous jargons de leurs voix :
Et la vefve tourterelle
220 Y pleint et pleure à par elle
Son amoureus tout le jour :
De sa parole enrouee
A pleints et à pleurs vouee
Efroyant l'air tout autour.

XVII 225 Et à fin qu'à beauté telle
Rien manquer on ne pust voir,
De la beauté naturelle
Qu'un beau jardin peut avoir,
Il y ut une fonteine,
230 Dont l'eau, coulant contre val
En sautant hors de sa veine
Sembloit au plus cler cristal :
Elle ne fut point ornee
Ny autour environnee
235 De beaux mirtes Cipriens[2],
Ny de buis, ny d'aucun arbre,
Ny de ce precieus marbre
Qu'on taille es monts Pariens[3] :

XVIII Mais elle estoit tapissee
240 Tout l'environ de ses bors,
Ou son onde courroucee

1. Phébus-Apollon changea son ami Cyparisse en cyprès
2. le myrte, plante consacrée à Vénus
3. le marbre de Paros, une des îles Cyclades

Murmuroit ses dous acors,
D'herbe tousjours verdoyante,
Peinte de diverses fleurs,
245 Qui en l'eau dousondoyante
Mesloient leurs belles couleurs.
Qui ust regardé la teste
D'un Narcisse qui s'arreste
Tout panchant le col sur l'eau,
250 On ust dit que son courage
Contemploit encor l'image
Qui trop et trop lui fut beau.

XIX Aussi par cette verdure
Estoit le jaune Souci,
255 Qui encor la peine dure
De ses feus n'a adouci :
Ains[1] tousjours se vire et tourne
Vers son Ami qu'il veut voir,
Soit au matin, qu'il ajourne,
260 Ou quand il est pres du soir.
Là aussi estoient brunettes[2],
Mastis, damas, violettes[3],
Çà et là sans nul compas[4] :
Avec la fleur, en laquelle
265 Hiacinte renouvelle
Son nom apres son trespas[5]

XX Le ruisseau de cette sourse
A par soy s'ebanoyant[6],
D'une foible et lente course
270 Deçà delà tournoyant,
Faisoit une portraiture
Du lieu ou fut enfermé

1. Mais
2. cyclamens
3. noms de fleurs
4. sans aucun ordre
5. la fleur née du sang de Hyacinthe, ami d'Apollon, perpétue le souvenir de son nom
6. s'égayant, se divertissant

Le monstre contre nature
En Pasiphaé formé [1];
275 Puis son onde entrelassee,
De longues erreurs [2] lassee
Par un beau pré s'espandoit:
Ou maugré toute froidure
Une plaisante verdure,
280 Eternelle elle rendoit.

XXI Titan [3] laissant sa campagne
Peu à peu sous nous couloit,
Et dens la tiede eau d'Espagne
Son char il desateloit:
285 Quand en ce lieu de plaisance
Louïze estoit pour un soir,
Qui cherchant resjouissance
Pres la font [4] se vint assoir:
Elle ayant assez du pouce
290 Taté l'harmonie douce
De son lut, sentant le son
Bien d'acord, d'une voix franche
Jointe au bruit de sa main blanche,
Elle dit cette chanson:

XXII 295 «La forte Tritonienne,
Fille du Dieu Candien [5],
Et la vierge Ortygienne [6],
Seur du beau Dieu Cynthien [7],
Sont les deus seules Deesses
300 Ou j'ay mis tout mon desir,
Et que je sù pour maitresses
Des mon enfance choisir.

1. le Minotaure
2. divagations
3. le Soleil
4. la fontaine
5. Minerve, adorée en Crète (Candie)
6. Diane
7. Apollon

Si Venus m'a rendu belle,
Et toute semblable qu'elle
305 Avec sa divinité,
Que pourtant elle ne pense,
Qu'en un seul endroit j'ofense
Ma chaste virginité. »

XXIII La pucelle Lionnoize
310 Fredonnant meints tons divers,
Au son plein de douce noise [1],
N'ut deus fois chanté ces vers,
Qu'un sommeil de course lente
Descendant parmi les Cieus,
315 Finit sa voix excellente
Et son jeu melodieus.
Sur la verdure espandue
Tous dous il l'a estendue,
Flatant ses membres dispos :
320 Dessus ses yeus il se pose,
Et tout son corps il arrose
D'un tresgracieus repos.

XXIV En dormant tout devant elle
Sa mere [2] se presenta,
325 En son beau visage telle
Qu'alors qu'elle s'acointa
D'Anchise [3], pres du rivage
Du Simoent Phrygien [4] :
Dont naquit le preus courage [5]
330 Qui au camp Hesperien [6]
Renouvella la memoire,
Et la trionfante gloire
Du sang Troyen abatu,
Qui devoit en rude guerre

1. doux bruit
2. Vénus
3. Anchise, père d'Énée
4. le Simoïs, fleuve de Phrygie
5. le cœur vaillant d'Énée, fils d'Anchise et de Vénus
6. en Italie

335 Tout le grand rond de la Terre
Conquerir par sa vertu.

XXV Ell' regarde par merveille
Son visage nompareil,
Son haut front, sa ronde oreille,
340 Son teint freschement vermeil,
Le vif coral de sa bouche,
Ses sourcis tant gracieus,
Que doucement elle touche
Pour voir les rais de ses yeus :
345 Non sans contempler encore
Celle beauté qui decore
La rondeur de son tetin,
Qui ni plus ni moins soupire
Qu'au printems le dous Zephire
350 Alenant[1] l'air du matin.

XXVI Apres que la Cyprienne[2]
Ut son regard contenté,
Voyant de la fille sienne
La plus qu'humeine beauté,
355 Esbahie en son courage
De sa grand' perfeccion,
Elle augmenta davantage
Vers ell' son afeccion :
Puis toute gaye et joyeuse,
360 D'une voix tresgracieuse,
Pour descouvrir son souci,
Tenant les vermeilles roses
De sa bouche un peu descloses
Elle parola[3] ainsi :

XXVII 365 « Les Dieus n'ont voulu permettre
Aux vains pansers des mortels,
Que d'eus ils se pussent mettre
A fin : bien que leurs autels

1. soufflant, exhalant
2. Vénus (Cypris)
3. parla

Soient tous couvers de fumee,
370 Ou pour gagner leur faveur,
Ou pour leur ire animee
Faire tourner en douceur,
Tous les veus pas ils n'entendent
Qui devant leurs yeus se rendent:
375 Ains les ont à nonchaloir [1],
Veu ni priere qu'on face
N'y font rien, si de leur grace
Ils n'ont un mesme vouloir.

VIII Que penses tu fille chere?
380 Penses tu bien resister
Contre les dars de ton frere [2]
S'il lui plait t'en molester?
Il scet [3] domter tout le monde
De son arc audacieus:
385 L'Ocean, la Terre ronde,
L'Air, les Enfers, et les Cieus.
Onq [4] fille n'ut la puissance
De lui faire resistance,
Et ses fiers [5] coups soutenir:
390 Mais je te veus faire entendre
Pourquoy j'ai voulu descendre
Du Ciel, pour à toy venir.

XIX Les hommes, pleins d'ignorance,
Citoyens de ces bas lieus,
395 Te pensent de leur semence,
Et non de celle des Dieus:
Mais par trop ils se deçoivent [6]
(Bien qu'ils le tiennent par seur [7])
Et assez ils n'aperçoivent

1. mais ils les négligent, ils ne s'en occupent pas
2. Louise Labé serait donc la sœur de Cupidon
3. sait
4. Jamais
5. féroces
6. ils se trompent
7. pour sûr

400 De ta beauté la grandeur.
Qui diroit, voyant ta face,
Que tu fusses de la race
D'un homme simple et mortel?
La Terre sale et immunde,
405 Ne sauroit aus yeus du monde
De soy produire riens tel.

XXX Tout ainsi la beauté rare
D'Heleine, chacun pensoit
Engendree de Tyndare [1]:
410 Car on ne la connoissoit.
Toutefois si [2] estoit elle
Fille du Dieu haut tonnant [3],
Qui sa maison supernelle [4],
Le haut Ciel, abandonnant,
415 Atourné d'un blanc plumage,
Semblant l'Oiseau [5] qui presage,
En chantant, sa proche mort,
En Lede [6] fille de Theste
De sa semence celeste,
420 Le conçut par son effort,

XXXI Avecques deux vaillans freres [7],
Dont l'un [8] alaigre escrimeur
Domta les menasses fieres,
Et la trop ápre rigueur
425 Du cruel Roy de Bebrice [9],
Acoutumé d'outrager,
Et meurtrir par sa malice
Chacun soudart [10] estranger:

1. époux de Léda
2. vraiment
3. Jupiter
4. céleste
5. le cygne
6. Léda, fille de Thestius et mère de Castor, Pollux et Hélène
7. Castor et Pollux
8. Pollux
9. Amycus, roi des Bébryciens, tué par Pollux et les Argonautes
10. chaque soldat

L'autre [1], de hardi courage,
430 Inventa premier l'usage
De joindre au char le coursier:
Ou il se roula grand'erre [2],
Effroyant toute la terre
Des deux ronds bornez d'acier.

XII 435 Ainsi, bien qu'on ne te donne
L'honneur d'estre de mon sang,
Et du fier Dieu qui ordonne
Les puissans soudars [3] en rang,
Si [4] m'est ce chose asseuree
440 Que de Gradive le fort [5]
En moy tu fus engendree,
Joingnant le gracieus bord
Ou la Sone toute quoye [6]
Fait une paisible voye
445 S'en allant fendre Lion:
Dens lequel on voit encore
Un mont*, ou lon me decore,
Qui retient de moy son nom.

XIII Le lieu ou tu fus conçue
450 Ne fut vile ny chateau,
Ains [7] une forest tissue [8]
De meint plaisant arbrisseau,
Dont je veux (en témoignage
De ta race) te pourvoir

* Le mont de Fourvière, anciennement appelé *Forum Veneris*.

[Note des éditions anciennes; l'étymologie *Forum vetus,* « vieux marché », est aujourd'hui préférée à *Forum Veneris,* « Forum de Vénus ».]

1. Castor
2. en hâte
3. soldats
4. du moins
5. Mars
6. tranquille
7. mais
8. tissée, plantée

455 Ainsi que d'un heritage
Que je tiens en mon pouvoir.
Là autour sont meintes plaines,
Esquelles [1] les blondes graines [2]
De Ceres [3] pourras cueillir,
460 Et la liqueur qui agree
A Bachus [4], et meinte pree
Ou l'herbe ne peut faillir.

XXXIV Là aussi sont meints bocages
Deçà delà espandus,
465 Ou en tout tems les ramages
Des Oiseaus sont entendus.
Par fois tu y pourras tendre
Le ret rare [5], à ton desir,
Et quelque gibier y prendre
470 Pour acroitre ton plaisir:
Ou t'exerçant à la chasse
Tu poursuivras à la trace
Les Lievres fuians de peur,
De chiens autour toute armee,
475 Vagans dessous la ramee [6],
Se guidans à la senteur.

XXXV Et si par trop tu te peines
En trop violent effort,
De meintes cleres fonteines
480 Tu pourras avoir confort:
L'eau sortante de leur sourse
Tes membres refreschira,
Et la murmurante course
A son bruit t'endormira:
485 Apres chargee de proye,
Tu te pourras mettre en voye [7]

1. dans lesquelles
2. le blé
3. déesse des moissons (Cérès)
4. le vin
5. le filet peu commun, remarquable
6. errant sous les branches
7. chemin

Pour à ton chateau tourner,
Qu'en brief[1] batir je veus faire,
Sufisant pour te complaire
490 S'il te plait y sejourner.

Sur tout (fille) je t'avise,
Que d'un cœur tant odieus
Ton frere tu ne mesprise,
C'est le plus puissant des Dieus[2].
495 En ta beauté excellente
Meint homme il rendra transi,
Mais sa main ne sera lente
A te tourmenter aussi.
Prens bien à ce propos garde,
500 Car ja desja il te darde
Son tret[3] âpre et rigoureus:
Dont il t'abatra par terre,
Rendant d'un homme de guerre
Ton tendre cœur amoureus.

505 En ce il prendra bien vengeance
Du bon Poëte Rommain[4],
Auquel sans nulle allegeance
Ton cœur est trop inhumein.
Bien prendra à ta jeunesse
510 Avoir apris à soufrir
Des durs harnois la rudesse,
Et à meint travail[5] s'ofrir:
Souvent seras rencontree
Depuis la tarde vespree[6]
515 Jusqu'au point du prochein jour[7],
Parmi les bois languissante

1. sous peu
2. Cupidon, l'Amour
3. trait
4. cf. strophes III et IV
5. tourment
6. tard dans la soirée
7. jusqu'au début du jour suivant

Et tendrement gemissante
La grand' cruauté d'Amour.

XXXVIII Alors, pour estre asseuree
520 Point en femme tu n'iras,
Ains [1] d'une lance paree
Chevalier tu te diras.
Ja en ton harnois bravante
Je te regarde assaillir
525 Meint chevalier, qui se vante
Hors de l'arçon te saillir [2]:
Puis dextrement [3] aprestee
Ayant ta lance arrestée,
Le desarçonner en bas,
530 Lui tout froissé [4], à grand'peine
Lever son arme incerteine,
Chancelant à chacun pas.

XXXIX A si grans travaus ton frere [5]
Durement te contreindra,
535 Jusqu'à ce qu'à la premiere
Liberté il te rendra:
Alors laissant les alarmes
Et les hazars perilleus,
Tu rueras jus [6] les armes,
540 Et le courage orguilleus
Dont tu soulois mettre en terre [7]
Meint vaillant homme de guerre
Renversé sous son escu,
Qui repentant en sa face
545 De sa premiere menasse,
Tout haut se crioit vaincu.

1. mais
2. te désarçonner
3. adroitement
4. brisé, rompu
5. Cupidon
6. jetteras par terre
7. avec lequel tu avais l'habitude de renverser

XL Donq laissant dague et espee
Ton habit tu reprendras,
A plus dous jeus ocupee
550 Ton dous lut tu retendras :
Et lors meints nobles Poëtes,
Pleins de celestes esprits,
Diront tes graces parfaites
En leurs tresdoctes escriz :
555 Marot, Moulin, la Fonteine [1],
Avec la Muse hauteine
De ce Sceve [2] audacieus,
Dont la tonnante parole,
Qui dens les astres carole [3],
560 Semble un contrefoudre [4] es Cieus.

XLI Toutefois leur fantasie
Ton loz [5] point tant ne dira,
Comme d'un [6] la Poësie,
Qui de l'onde sortira
565 Du petit Clan [7], dont la rive
Privee de flots irez,
Ha en tout tems l'herbe vive
Autour des bors retirez.
De cil la Muse nouvelle
570 Rendra ta grace immortelle :
Du Ciel il est ordonné
Qu'à lui le bruit de la gloire
De t'avoir mise en memoire,
Entierement soit donné.

XLII 575 Qu'à ton cœur tousjours agree
Du Poëte le labeur :

1. Clément Marot, Antoine du Moulin et Charles Fontaine, poètes bien connus à Lyon
2. Maurice Scève
3. danse
4. semble rivaliser avec la foudre du ciel
5. ta gloire
6. il s'agirait de Guillaume Aubert, l'auteur de l'Ode
7. le Clain, qui arrose Poitiers où est né G. Aubert

Son escriture est sacree
A tout immortel bonheur.
Ayant qui ton loz[1] escrive,
580 Mourir ne peus nullement :
Ainsi Laure[2], ainsi Olive[3],
Vivent eternellement.
Un Bouchet[4] en façon telle,
Met en memoire immortelle
585 De son Ange le beau nom :
Sacrant l'Angelique face,
Sa beauté, sa bonne grace,
Au temple du saint renom. »

XLIII A tant[5] la Deesse belle
590 Mit fin à son dous parler :
Son chariot elle atelle
Toute preste à s'en voler :
Les mignonnes colombelles
Par le vague doucement
595 Esbranlent leurs blanches esles
D'un paisible mouvement.
Louïze estant esveillee
Resta toute esmerveillee
De la sainte vision :
600 Ignorante si son songe
Est verité ou mensonge,
Ou quelque autre illusion.

XLIV Son corps droit, sa bonne grace,
Son dur teton, ses beaux yeus,
605 Les divins traits de sa face,
Son port, son ris gracieus,
Le front serein, la main belle,
Le sein comme albastre blanc,

1. ta gloire
2. chantée par Pétrarque
3. chantée par Du Bellay
4. le rhétoriqueur Jean Bouchet (1476-1550) dont G. Aubert éta[it] l'élève et l'ami
5. Alors

Montrent evidemment qu'elle
610 Sortit du Ciprien flanc [1].
Puis sa vaillance et prouesse,
Son courage, son adresse,
Et la force du bras sien
De grand heur [2] acompagnee,
615 La montrent de la lignee
Du Gradive Thracien [3].

XLV Mais d'autre part, sa doctrine,
Sa sagesse, son savoir,
La pensee aus arts encline
620 Autant qu'autre onq [4] put avoir.
Les vers doctes qu'elle acorde,
En les chantant de sa voix,
A l'harmonieuse corde,
Fretillante sous ses doits:
625 Et la chasteté fidelle,
Qui tousjours est avec elle,
Nous rendent quasi tous seurs [5]
Qu'elle ut la naissance sienne
De la couple Cynthienne [6],
630 Ou de l'une des neuf Seurs [7].

XLVI Toutefois il nous faut croire
Ce que nous disent les Dieus,
Qui par la nuitee noire
Se montrent aux dormans yeus.
635 Ainsi Hector à Enee
En un songe s'aparut [8],
Et la sienne destinee
En songe il lui discourut [9].

1. du sein de Vénus
2. bonheur
3. du Mars de Thrace, au nord de l'ancienne Grèce
4. jamais
5. sûrs
6. de Diane et d'Apollon
7. les Muses
8. cf. *Énéide*, II, 270-297
9. raconta

Souvent la future chose
640 Du sain esprit qui repose
Est prevuë de bien loin :
Ce songe presque incroyable,
Qui apres fut veritable,
En pourra estre témoin.

XLVII 645 Mais il est tems douce Lire [1]
Que tu cesse tes acors.
Si assez tu n'as pù dire,
Si [2] as tu fait tes effors.
Celle harpe Methimnoise [3],
650 Qui peut la mer esmouvoir,
N'ut la Ninfe Lionnoize
Chanté selon son devoir :
Non pas toute la Musique
De celle bende Lirique [4]
655 Qui (long tems ha) florissoit
En la Grece : qui meint Prince,
Meint païs, meinte Province,
De son chant resjouissoit.

Achevé d'imprimer ce 12. Aoust,
M. D. LV.

FIN

Cette ode est attribuée à Guillaume Aubert (Poitiers, 1534 ? — Paris, entre 1597 et 1601) à qui il serait fait allusion au vers 563. Avocat au Parlement de Paris, il est l'auteur en particulier d'une élégie sur la mort de Joachim Du Bellay et donnera avec Jean Morel d'Embrun la première édition collective des *Œuvres françoises* du poète angevin.

1. lyre
2. du moins
3. Methymne : ville de Lesbos (la harpe d'Arion)
4. les neuf lyriques grecs, dont Anacréon, Pindare et Sappho

TESTAMENT DE LOUISE LABÉ
(28 avril 1565)

[Archives Départementales du Rhône, Registre de la Chambre des Notaires, Pierre de La Forest — notaire à Lyon — 3E — 4158.]

Ce document émouvant, retrouvé et publié au début du XIXe siècle, montre la générosité de Louise Labé à l'égard des pauvres, de ses domestiques et de ses proches. Outre les détails qu'il nous donne sur sa fortune mobilière et immobilière, il nous apprend que, malade, elle s'était retirée à Lyon chez son ami Thomas Fortin dont elle devait faire son exécuteur testamentaire.

Pour de plus amples renseignements, on consultera l'ouvrage de Claude Aboucaya, *Le Testament lyonnais de la fin du XVe siècle au milieu du XVIIIe siècle,* Paris, Sirey, 1961.

TESTAMENT

Au nom de Dieu, *Amen*.

A tous ceux qui ces présentes lettres verront, Nous, garde du scel commun royal, establi aux contrats du bailliage de Mascon et Senechaussée de Lyon, sçavoir faisons que, par-devant Pierre de La Forest, notaire et tabellion [1] royal à Lyon, dessoubs signé, et en presence des tesmoins aprez nommez, a esté presente dame Loyse Charlin, dite Labé, veuve de feu Sire Ennemond Perrin, en son vivant bourgeois citoyen habitant à Lyon, laquelle, faisant de son bon gré et ame pieuse et pure volonté, sans force ni contrainte, mais de sa liberale volonté, considerant qu'il n'est rien de si certain que la mort, ni moins incertain que l'heure d'icelle, ne voulant de ce monde deceder sans tester et ordonner des biens qu'il a plu à Dieu lui donner en ce mortel monde, afin que, aprez son decez et trespas, differend n'en advienne entre ses successeurs: A ces causes et autres considerations à ce la mouvant, ladite testatrice, aprez avoir revoqué, comme elle revoque, casse et adnulle tous et chascuns ses aultres testaments qu'elle pourroit avoir fait de bouche ou par escript, et aprez avoir declaré comme elle declare que ce present testament soit valable par forme de testament nuncupatif [2], testament solempnel, par forme de codicille, donation à cause de mort, et autrement comme mieux il pourra et debvra valoir selon les droits, loix canoniques et aultres us et coutumes introduits en

1. officier public
2. solennel, officiel

faveur des testateurs, a fait son testament et ordonnance de derniere volonté de tous et chascuns ses biens, meubles et immeubles presents et advenir quelconques, en la forme et maniere qui s'en suit :

Et premierement, ladite testatrice, comme bonne et loyale chrestienne, a recommandé son ame à Dieu le createur, le priant par la mort et passion de son seul fils Jesus Christ, recepvoir son ame et la colloquer [1] en son royaume de Paradis, par l'intercession de sa tres-sacrée mere, saints et saintes, et pour à ce parvenir s'est munie du seing [2] de la croix †, disant : Au nom du Pere, du Fils et du Saint Esprit.

Item [3] ladite testatrice, au cas qu'elle decede en cette ville de Lyon, eslit la sepulture de son corps en l'eglise de N.-D. de Confort, et où decedera ailleurs, veult estre enterrée en la paroisse du lieu où elle decedera, et veult estre enterrée sans pompe ni superstitions [4], à sçavoir de nuict, à la lanterne, accompagnée de quatre prestres, outre les porteurs de son corps, et ordonne estre dites, en l'église du lieu où elle decedera, une grande messe à diacre et soubsdiacre, et cent petites messes continuellement jusque à huit jours aprez son decez, et veult que semblable service soit fait l'an revolu de son decez, et donne à l'eglise où elle sera enterrée la somme de 100 livres pour une fois, à sçavoir : 25 livres pour faire lesdits services, et le reste pour employer en reparations, laquelle somme elle veult estre payée auxdits desserviteurs [5], à sçavoir 12 livres 10 sols aprez son decez, aultres 12 livres 10 sols pour ledit service, avec le surplus desdites 100 livres pour lesdites reparations, dans l'an aprez son decez que ledit service sera fait.

Item ladite testatrice, esmeue de devotion, a doté, fondé et legué à ladite eglise de Parcieu en Dombes une pension annuelle et perpetuelle d'une asnée [6] vin et une

1. placer
2. signe
3. en outre
4. excès de cérémonie
5. desservants (curés desservant une paroisse)
6. mesure de blé ou de vin

mesure bled froment, bon, pur et marchand, mesure dudit lieu, laquelle pension elle impose sur sa grange [1] et tenement [2] qu'elle a audit lieu de Parcieu en Dombes, et veult estre payée aus Srs desserviteurs par chacun an, à chacune feste de St Martin d'hiver, à commencer à la prochaine feste de St Martin aprez le decez de ladite testatrice, à la charge que lesdits desserviteurs et leurs successeurs seront tenus dire et celebrer perpetuellement par chacune semaine, une messe basse en ladite eglise à son intention, et de ses parents et amys, à commencer dans la semaine aprez son decez.

Item ladite testatrice, pour charité, pitié, aumosne, a donné et légué aux pauvres la somme de 1000 livres de fonds, avec les dons au proufit de cinq pour cent ou aultre proufit qu'il plaira au Roy donner à cause de ladite somme, et icelle prendra sur le crédit de plus grand somme qu'elle a au grand party du Roy [3], soubs le nom du Sr Thomas Fortin (ou Fourtin), et duquel elle a cedulle [4], lequel credit doibt estre assigné sur la ville de Rouan à raison de cinq pour cent, laquelle somme de fonds ou dons et revenus ladite testatrice veult estre distribuée aux pauvres par ledit Fortin, lequel elle prie d'en prendre la charge, et aprez le decez d'icelui Fortin, et où ladite somme par lui n'auroit pas esté distribuée, en laisse la charge aux recteurs de l'Aumosne Generale de ceste ville de Lyon, ainsy que lesdits Fortin et recteurs verront estre plus charitable.

Item ladite testatrice a donné et legué, pour aider à marier trois pauvres filles, à chacune la somme de 50 livres tournois à prendre sur les premiers deniers de la rente du reste de sondit credit du Roy, en laissant la nomination et election, distribution et delivrance desdits deniers, ladite testatrice en laisse la charge aux sieurs recteurs de l'Aumosne Generale de Lyon.

Item ladite testatrice a donné et prelegué en preciput [5]

1. métairie
2. terre
3. dans un emprunt fait par le roi
4. reconnaissance de dettes (reçu)
5. droit conféré à un héritier

et advantage à Pierre Charly, dit Labé, son nepveu et l'un de ses heritiers aprez nommez, le reste des deniers que icelle testatrice a audit grand party [1] sous le nom dudit Sr Thomas Fortin, qui est tout ce qui reste, desduit les 1000 livres leguées auxdits pauvres, et les 150 livres tournois pour les dons leguez pour marier pauvres filles, pour dudit reste d'iceluy credit, tant de principal [2] que de dons, faire et disposer par ledit Pierre Charly comme de sa chose propre, et sans qu'il soit tenu le rapporter ou conferer à la masse d'hǫyrie [3] de ladite testatrice avec ses heritiers ou coheritiers, le faisant en ce son heritier particulier.

Item ladite testatrice donne et legue à quatre filles d'un nommé Villard de Parcieu, son voisin, à chacune d'elles une robbe [4] jusques à 5 livres tournois, lesquelles leur veult estre delivrées où elles survivront à ladite testatrice, incontinent aprez son decez et trespas, pour une fois, et non aultrement.

Item ladite testatrice donne et legue à Antoinette, femme de Pierre Vaillant, tissotier [5], jadis servante de ladite testatrice, la somme de 100 livres tournois, laquelle luy veult estre payée pour une fois aprez le decez de ladite testatrice.

Item donne et legue icelle testatrice à une sienne chambriere qu'elle a dit estre nommée Pernette, jeune fille, la somme de 50 livres, laquelle luy veult estre payée pour une fois lorsqu'elle sera mariée; et, cas demeurant que ladite Pernette decedast sans estre mariée, donne et legue ladite somme aux pauvres à la nomination [6] dudit Fortin et, aprez lui, desdits recteurs.

Item donne et legue icelle testatrice à aultre Pernette, sa vieille chambriere, qu'elle tient à la grange de Parcieu, une pension viagere de 10 livres, d'un poinçon [7] de trois

1. emprunt
2. capital
3. héritage
4. somme d'argent
5. tisserand
6. désignés par
7. tonneau

asnées de vin et d'une asnée bled froment, le tout bon, pur, net et marchand, mesure dudit lieu, laquelle veult estre payée à ladite Pernette, et tant qu'elle vivra, par sesdits heritiers et substituez ci-aprez nommez, par chacun an à commencer aprez le decez d'icelle testatrice: declarant icelle testatrice avoir 18 livres tournois appartenant à ladite Pernette, tant pour reste de ses gages que deniers qu'elle lui a baillez en garde, laquelle somme lui veult estre restituée aprez le decez de ladite testatrice.

Item ladite testatrice a donné et legué à Jaquesme Ballasson, jadis son jardinier, lequel demeure en la paroisse de Parcieu, une pension annuelle et viagere de deux asnées bled froment, bon, pur et marchand, mesure du lieu, laquelle elle veult estre payée audit Jaquesme et à ses enfans, tant qu'ils vivront et non plus aultrement, aprez le decez de ladite testatrice, et veult et entend icelle testatrice que ladite pension puisse estre rachetée par ses heritiers et substituez en payant audit Ballasson ou à sesdits enfants la somme de 100 livres tournois, quand bon semblera à ses heritiers.

Item ladite testatrice donne et legue à Claude Chomel, son serviteur, pour une fois, la somme de 10 livres tournois, laquelle veult lui estre payée aprez son decez, declarant estre debitrice audit Chomel de 30 livres tournois, tant pour reste de ses gages que pour deniers qu'il lui a baillez en garde, lesquelles 30 livres tournois luy veult estre restituées aprez son decez.

Item la mesme testatrice donne et legue à Benoist Frotté, son grangier [1] dudit lieu de Parcieu, la somme de 10 livres, à la femme dudit grangier et à la niece de la grangiere [1], à chacune une cotte [2], jusques à 5 livres tournois, lesquelles leur veult estre payées respectivement et aprez son decez.

Item ladite testatrice, pour bonnes considerations à ce la mouvant, a donné et legué, donne et legue par ces presentes, audit Sr Thomas Fortin, marchand [3] Florentin,

1. métayer(ère)
2. quote-part
3. marchand d'argent ou banquier

demeurant audit Lyon, les usufruicts, proufits, revenus et jouissance de la grange et tenement qu'elle a audit lieu de Parcieu, en quoy que ladite grange consiste, soit en mesonnaiges [1], bastiments, jardins, fonds, heritages et immeubles quelconques, et tant celle où ladite testatrice a coustume habiter que celle où elle tient son grangier, avec toutes les pensions qui sont deues à ladite testatrice audit lieu de Parcieu, que lieux circonvoisins, qui peuvent monter à la quantité de vingt asnées bled par chacun an, ou environ, pour en jouir et user par ledit Fortin et les siens et autres qu'il plaira audit Fortin legataire ordonner aprez son decez, pendant et durant le temps de vingt ans continuels et consecutifs à compter du jour du decez de la dite testatrice : tant seulement et outre ce, donne et legue audit Fortin et aux siens susdits, pendant ledit temps de vingt ans, l'usage et jouissance des biens meubles d'icelle testatrice, de quelque qualité, nature et condition qu'ils soyent et qu'ils seront, tant en sadite grange que celle où habite son grangier audit lieu de Parcieu, et veult et entend icelle testatrice que ledit Fortin legataire et les siens susdits puissent, incontinent et aprez le decez de ladite testatrice, prendre et apprehender la possession et jouissance reelle et actuelle des choses ci dessus leguées, sans recognoissance et cause de benefice d'inventaire, ne aultre requisition ; mais prohibe et deffend expressement à sesdits heritiers et successeurs aprez nommez et à tous aultres n'empescher ledit Fortin et les siens susdits en ladite possession et jouissance reelle et actuelle desdites maison et grange, en l'estat qu'elle sera lors dudit decez et tout ainsy qu'elle se trouvera meublée et garnie, et sans que iceluy Fortin, comme usufruictier ou aultrement, soit tenu de prester aucune caution, ne prester et rendre aucun compte et reliquat desdits biens meubles ; et à ces fins, venant le decez de ladite testatrice, icelle testatrice, pour le faict dudit usufruict, a transferé et transporté en la personne dudit Fortin et des siens susdits tous droicts et propriété de possession pour le temps susdit, et au cas où lesdits heritiers soubs-nommez vinssent à troubler ou à

1. maisons

empescher ledit Fortin et les siens susdits en la jouissance actuelle desdits bien leguez, ou qu'ils le voulsissent [1] contraindre à faire inventaire, bailler caution ou de les prendre par les mains desdits heritiers, en ce cas ladite testatrice a revoqué et revoque l'institution d'heritier faite au proufit de sesdits heritiers aprez nommez : en ce cas a institué et institue et nomme de sa propre bouche ses heritiers universels en tous ses biens, les pauvres de l'Aumosne Generale de ceste ville de Lyon ; car telle est la volonté d'icelle testatrice.

Item donne et legue à Germain Borgne, de Cahors, cordonnier, habitant à Lyon, quatre asnées bled froment, bon, pur et marchand, lesquelles luy veult estre delivrées aprez son decez.

Item ladite testatrice a donné et legué par droit d'institution à tous autres pretendants avoir droit sur sesdits biens la somme de 5 sols tournois, laquelle leur veult estre payée à chacun d'eulx pour une fois, aprez le decez d'icelle testatrice, et à ce les a faits et instituez par chacun d'eulx ses heritiers particuliers sans pouvoir aultre chose quereller ne demander sur sesdits biens.

Item ladite testatrice a declaré et declare estre debitrice des sommes suivantes, à sçavoir : à M. Jacques ... [2], apothicaire à la Grenette, de 8 livres ou environ ; à Benoist Bertrand, en rue Salnerie [3], d'autres 8 livres pour vente de carrons [4] et prest de ... [5] de 60 livres 1 sol pour reste d'une terre que modernement elle a acquise de luy, et finalement ladite testatrice au residu [6] de tous et chacuns sesdits biens meubles et immeubles, presents et advenir quelconques, desquels elle n'a cy dessus disposé ny ordonné, a fait, constitué, creé et nommé, et par ces presentes fait, constitue, crée et nomme de sa propre bouche ses heritiers universels, à sçavoir : ses bien-aimez Jacques Charlin, dit Labé, et ledit Pierre Charlin, son

1. voulussent
2. (resté en blanc dans le texte)
3. sans doute : rue de la Saônerie
4. briques
5. (resté en blanc dans le texte)
6. reste

frere, nepveux de ladite testatrice et enfans de feu François Charlin, dit Labé, son frere, demeurant à Lyon, et chacun d'eulx par moitié et égale portion, et leurs enfans masles, naturels et legitimes, et de chacun d'eulx ; et, cas advenant que sesdits nepveux, heritiers susdits, ou leurs enfans masles, vinssent à deceder sans enfans masles et legitimes, audit cas et iceluy advenant, ladite testatrice a substitué et substitue en tout sesdits biens, les filles descendant du degré de sesdits heritiers, pour jouir par elles des biens de ladite testatrice, leur vie et de chacune d'elles durant, et aprez le decez de sesdits nepveux et heritiers ou de leurs enfans masles et de leursdites filles, au cas que sesdits nepveux ou leurs enfans masles decedassent sans enfans masles, audit cas et iceluy advenant, ladite testatrice a substitué et substitue en sesdits biens les pauvres de l'Aumosme Generale de ceste ville de Lyon, à la charge de payer et acquitter ses debtes, legats et frais funeraires, de les accomplir sans aucune exception ne figure de procez, declarant par exprez [1] ladite testatrice qu'elle n'a voulu ne entendu, mais a expressement prohibé et deffendu et deffend par ces presentes, tant à sesdits heritiers que substituez, l'alienation de ses biens ou partie d'iceulx, et toute distraction de quarte trebellianique [2], parce qu'elle veult sesdits biens estre conservez en sa maison et famille, pour en defaut d'icelle parvenir auxdits pauvres, en faveur desquels ladite prohibition a esté par elle faite.

Ladite testatrice a fait par ces presentes executeur de ce present son testament ledit Sr Thomas Fortin, auquel elle donne pouvoir et puissance de prendre de sesdits biens pour l'entier accomplissement de cedit present son testament : priant et requerant ladite testatrice les tesmoins aprez nommez d'estre records [3] de ceste presente ordonnance de derniere volonté, la tenir secrette jusques à ce qu'il plaira à Dieu l'avoir appelée, et aprez en porter bon tesmoignage en temps et lieu : priant aussy et requerant

1. expressément
2. prélèvement (quart de l'héritage accordé à l'héritier qui devait transmettre l'héritage à un autre)
3. témoins

ledit notaire et tabellion royal dessoubs signé de la rediger par escrit, la minuter et estendre au long la substance de fait, nous mesme, et aprez en faire expedition[1] à qui appartiendra, moyennant salaire competant.

Fait et passé à Lyon, en la maison d'habitation dudit Sr Thomas Fortin, ladite testatrice estant au lit malade, le samedi 28e jour d'apvril 1565 ; presents : Bernardo Rappoty, Antoine Pansy, Florentin ; Martin Prevost, apothicaire ; Me Claude Alamani, maistre ès arts ; Germain Vacque, cordonnier ; Pierre Maliquet, cousturier ; Claude Panissera, Piedmontois, tous demeurant à Lyon, tesmoins appelez et requis, laquelle testatrice, ensemble lesdits Rappoty, Pansy, Alamani, Panissera et Prevost ont signé, et non lesdits Maliquet et Vacque, ne sçachant signer, deuement requis, suivant l'ordonnance.

1. délivrer copie authentique

POÈMES ATTRIBUÉS A LOUISE LABÉ

Il est possible que Louise Labé ait composé d'autres vers, français ou latins, que ceux qu'elle a publiés dans ses *Œuvres* de 1555 (Voir l'allusion du *Privilège* à « plusieurs Sonnets, Odes et Epistres » publiés « en divers endroits », allusion reprise dans l'*Epître* dédicatoire à Clémence de Bourges).

Depuis l'édition de Prosper Blanchemain de 1875, on a pris l'habitude de reproduire trois poèmes généralement attribués à Louise Labé, même s'il plane encore de sérieux doutes sur l'identité de la Castianire d'Olivier de Magny. Cf. Fernand Zamaron, *Louise Labé, dame de franchise* (Paris, Nizet, 1968), pp. 187-190 et Olivier de Magny, *Les Amours de 1553,* éd. Mark S. Whitney (Genève, Droz, 1970), p. 10, n. 5.

LA CASTIANIRE
D'OLIVIER DE MAGNY

Au lecteur

SONNET

D'or barbarin et d'argent de copelle,
D'aniz, d'œilletz, de roses et de lys,
Et de boutons avecq' l'aube cueillis,
J'ay façonné ceste couronne belle,

Pour en orner, d'une forme nouvelle,
Le sacré chef de l'autheur que tu lis,
Qui tellement a mes yeux embellis
Que, luy mourant, j'en suis faite immortelle.

Et toutesfois, si tu trouves plus beau
Le verd laurier pour luy faire un chapeau,
Compasse l'en et luy couvre la teste :

Il me suffit d'avoir part en son cueur,
Et de le voir ainsy de moy vainqueur
Comme de luy je fis ample conqueste.

(*Les Amours* d'Olivier de Magny, Paris, Estienne Groulleau, 1553.)

LA CASTIANIRE
D'OLIVIER DE MAGNY

Au passant

ELEGIE SUR LE TOMBEAU DE HUGUES SALEL

Je suis celle, passant, qui d'un traict de mes yeux
Captive de Magny tout le pis et le mieux ;
Je suis celle, passant, qui sur sa face essuye
De ses pleurs desolez la desastreuse pluye.
Je t'annonce, passant, qu'en ce cercueil icy
Gist le docte Salel, qui naquit en Quercy,
Auquel les doctes Sœurs ont acquis une vie
Qui le temps moissonneur et la Parque deffie ;
Et que, tant que le ciel tournoyera sur nous,
Tant que le fiel amer et le miel sera doulx,
Et que ces ruysselets gazoillans en leur source
Courront parmy ces prez de serpentine course,
Et tant que dessus nous luyra le grand flambeau,
Tousjours je demourray, passant, sur ce tombeau,
Pour la face essuyer de celluy qui m'a faicte
Par mille et mille vers durablement parfaicte,
Et tousjours annonçant qu'en ce cercueil icy
Gist le docte Salel, qui naquit en Quercy.

(Tombeau poétique de Hugues Salel, en appendice à l'édition posthume préparée par Olivier de Magny pour les *Onzième et Douzième Livres de l'Iliade,* traduits par Salel, Paris, Vincent Sertenas, 1554, in-8°.)

SONNET DE LA BELLE C [1].

Las ! cestuy jour, pourquoy l'ai-je peu voir,
Puisque ses yeux alloient ardre mon ame ?
Doncques, Amour, fault-il que par ta flame
Soit transmué nostre heur en desespoir !

Si on sçavoit d'aventure prevoir
Ce que vient lors, plaincts, pointures et blasme ;
Si fresche fleur esvanouir son basme
Et que tel jour faist esclore tel soir ;

Si on sçavoit la fatale puissance,
Que viste aurois eschappé sa presence !
Sans tarder plus, que viste l'aurois fui !

Las ! las ! que dy-je ? O si pouvoit renaistre
Ce jour tant dous où je le vis paroistre,
Oysel leger, comme j'irois à luy !

(Texte établi par Prosper Blanchemain, dans son édition de 1875, d'après l'original découvert par Édouard Turquety — Paris, G. Morel, 1557, in-4° — mais aujourd'hui perdu.)

1. Cordière

LE « DIALOGUE POÉTIQUE »
ENTRE LOUISE LABÉ ET OLIVIER DE MAGNY

Après le dialogue poétique qu'avaient entretenu à Lyon Maurice Scève et Pernette du Guillet (*Délie*, 1544; *Rymes*, 1545), celui qui s'établit entre Louise Labé et Olivier de Magny trouve son illustration la plus éclatante dans deux sonnets aux quatrains identiques dont le rythme reprend celui d'un sonnet de Pétrarque, « O passi sparsi, o pensier vaghi et pronti » (*Rime sparse*, poème 161). Nous donnons également un fragment d'une ode ultérieure de Magny sur le même thème.

LOUISE LABÉ
Œuvres
(1555, privilège 1554)

SONNET II

O beaus yeus bruns, ô regars destournez,
O chaus soupirs, ô larmes espandues,
O noires nuits vainement atendues,
O jours luisans vainement retournez :

O tristes pleins, ô désirs obstinez,
O tems perdu, ô peines despendues,
O mile morts en mile rets tendues,
O pires maus contre moi destinez.

O ris, ô front, cheveus, bras, mains et doits :
O lut pleintif, viole, archet et vois :
Tant de flambeaus pour ardre une femmelle !

De toy me plein, que tant de feus portant,
Et tant d'endrois d'iceus mon cœur tatant,
N'en est sur toy volé quelque estincelle.

OLIVIER DU MAGNY
Les Souspirs
(1556)

SONNET LV

O beaux yeux bruns, ô regards destournez,
O chaults souspirs, ô larmes espandues,
O noires nuicts vainement attendues,
O jours luysans vainement retournez :

O tristes pleints, ô désirs obstinez,
O tens perdu, ô peines despendues,
O mille morts en mille retz tendues,
O pires maulx contre moy destinez :

O pas espars, ô trop ardente flame
O douce erreur, ô pensers de mon ame,
Qui ça, qui là, me tournez nuict et jour,

O vous mes yeux, non plus yeux mais fonteines,
O dieux, ô cieux et personnes humaines,
Soyez pour dieu tesmoins de mon amour.

OLIVIER DE MAGNY
Les Odes
(1559)

ODE XVII

36 *O beaux yeux bruns de ma maistresse,*
O bouche, ô front, sourcil et tresse,
O riz, ô port, ô chant et voix,
Et vous, ô graces que j'adore,
Pourray je bien quelque autre fois
Vous veoir et vous ouyr encore
42 *Comme je feiz en l'autre mois!*

REGARDS SUR LOUISE LABÉ

1. « Vous aussi, belle Lyonnoise,
Bien fort vous prie qu'il vous plaise,
Actendu que c'est vostre cause,
Et qui tant de beauté vous cause,
De sonner sonnets resonans
Pour demonstrer à tous venans
Que ceste gente invention
Des testes, dont fais mention,
Est de si commode profit
Que celuy qui premier les fit
Pour si grand bien a merité
Triumphante immortalité. »

Anonyme lyonnais, *Le plaisant Blason de la Teste de Bois,* sans lieu ni date (probablement Lyon, 1554 ou 1555).

2. « S'il y a chose en sa vie qui puisse estre taxée, les hommes premierement en sont cause, comme Autheurs de tous maux en toutes Creatures... » Et pourtant, à d'autres égards, cette « Cordiere se pourra bien dire Homme : mesmement qu'elle sçait dextrement faire tout honneste exercice viril, et par especial aux Armes, voire et aux Lettres, qui la pourront tousjours relever de toute notte que telz Brocardeurs (cy devant asséz promenéz) par malice enyeuse se sauroient efforcer de luy donner : ainsi qu'ilz font à toutes, sans exception, de mil autres sornettes si tresaspres, que cela bien souvent les preserve, faute d'autres meilleurs propos, de s'endormir à table ».

François de Billon, *Le fort inexpugnable de l'honneur du Sexe Femenin,* Paris, 1555.

3. L'Ode qui suit ne figure pas parmi les « Ecriz de divers poëtes à la louenge de Louise Labé Lionnoize » dans les éditions du seizième siècle.

Elle se trouve dans les *Opuscules* de Jacques Peletier du Mans, placés à la suite de son *Art poétique* publié à Lyon par Jean de Tournes la même année que les *Œuvres* de Louise Labé (1555).

L'orthographe rébarbative donne un exemple des réformes proposées par le Lyonnais Louis Meigret et adoptées en partie par Peletier et l'imprimeur Jean de Tournes. Elle nous a incité à donner de cette ode une traduction quasi littérale.

A LOUÏZE LABÉ, LIONNOESE.

I Mon eur voulût qu'un iour lion ie visse,
A fin qu'a plein mon desir i'assouuisse,
Altere du renom :
I'è vù le lieu ou l'impetueus Róne,
Dedans son sein prenant la calme Sóne,
Lui fèt perdre son nom.

II I'è vù le siege ou le marchant etale
Sa soee fine e perle oriantale,
E laborieus or :
I'è vù l'ecrin, dont les Roes qui conduiset
Leur grand'Armee, a leur besoin epuiset
Vn infini tresor.

III I'è contamplè le total edifice,
Que la nature aueques l'artifice
A clos e ammuré :
I'è vù le plom imprimant meint volume
D'un brief labeur, qui souz les trez de plume
Vt si long tans duré.

IV I'è vù an fin Damoeseles e Dames,
Plesir des yeus e passion des ames,
Aus visages tant beaus :
Mes i'an è vù sus toutes autres l'une,
Resplandissant comme de nuit la Lune
Sus les moindres flambeaus.

V E bien qu'el' soèt an tel nombre si bele,
La beauté ét le moins qui soèt an ele :
Car le sauoer qu'ele à,
E le parler qui soeuemant distile,
Si viuemant anime d'un dous stile,
Sont trop plus que cela.

VI Sus donq, mes vers, louèz cette Louïze :
Soièz, ma plume, a la louer soumise,
Puisqu'ele à merité,
Maugré le tems fuitif, d'étre menee
dessus le vol de la Fame ampannee
A l'immortalité.

*

A LOUISE LABÉ, LYONNAISE

I La chance a fait qu'un jour je vienne à Lyon
et que je puisse assouvir pour de bon
mon désir de renom :
J'ai vu le lieu où l'impétueux Rhône
accapare en son sein la calme Saône
et lui ôte son nom.

II J'ai vu le lieu où les marchands étalent
fines soieries, perles orientales
et ouvrages en or.
J'ai vu l'écrin où les rois vont puiser,
pour mener leur armée et surtout la payer,
un infini trésor.

III J'ai contemplé toute l'architecture,
ceinte de murs par l'art et la nature
d'un enclos si charmant.
J'ai vu le plomb imprimer maints volumes
rapidement, alors qu'avec la plume
il y faudrait du temps.

IV J'ai vu enfin des filles et des femmes
— plaisir des yeux et souffrance de l'âme —
aux visages fort beaux ;
pourtant, par-dessus tout, j'en ai vu une
resplendissant comme, la nuit, la lune
sur de moindres flambeaux.

V Elle est si belle, et pourtant sa beauté
est bien la moindre de ses qualités :
toutes ses connaissances,
son éloquence et la suavité
de son discours, non sans vivacité,
ont bien plus d'importance.

VI Allez, mes vers, chantez Louise Labé !
Consacrez-vous, ma plume, à la louer,
puisqu'elle a mérité,
malgré le temps qui fuit, d'être emmenée
par le vol de la Renommée ailée
vers l'immortalité !

4. CHANSON NOUVELLE DE LA BELLE CORDIÈRE DE LYON

I L'autre jour je m'en allois
Mon chemin droict à Lyon;
Je logis chez la Cordiere
Faisant le bon compagnon.
S'a dit la dame gorrière:
« Approchez vous mon ami,
La nuict je ne puis dormir. »

II Il y vint un Advocat,
Las, qui venoit de Forvière;
Luy monstra tant de ducats:
Mais ils ne luy coustoient guere.
« Approchez vous, Advocat »,
S'a dit la dame gorriere,
« Prenons nous deux noz esbats,
Car l'on bassine noz draps ».

III Elle dict à son mary:
« Jan Jan, vous n'avez que faire;
Je vous prie, allez dormir;
Couchez vous en la couchette,
Nous coucherons au grand lict. »
S'a dit la belle Cordiere:
« Despouillez vous, mon amy,
Passons nous deux nostre ennuy. »

IV Il y vint un Procureur
Qui estoit de bonne sorte;
En faisant de l'amoureux
Il y a laissé sa robe,
Et sa bourse, qui vaut mieux;
Mais il ne s'en soucie guere.
« Approchez vous, amoureux,
Nous ne sommes que deux. »

V Il y vint un cordonnier
Qui estoit amoureux d'elle:

Il luy portoit des souliers
Faictz à la mode nouvelle :
Luy donna un chausse-pied,
Mais ell' n'en avoit que faire,
Ell' n'en avoit pas mestier :
Ils estoient à bas cartier.

VI Il est venu un Musnier,
Son col chargé de farine ;
La Cordiere a maniée :
Elle luy faict bonne mine ;
Il a toute enfarinée
Ceste gentille Cordiere :
Il la faut espousseter
Tous les soirs apres souper.

VII Il y vint un Florentin,
Luy monstra argent à grant somme ;
Tout habillé de satin,
Il faisoit le gentilhomme.
Ell' le receut doucement
Pour avoir de la pecune ;
Le but où elle pretend
C'est pour avoir de l'argent.

Recueil de plusieurs chansons divisé en trois parties. Lyon, 1557.

5. ODE XL A SIRE AYMON

I Si je voulois par quelque effort
Pourchasser la perte, ou la mort
Du sire Aymon, et j'eusse envye
Que sa femme luy fut ravie,
Ou qu'il entrast en quelque ennuy,
Je serois ingrat envers luy.

II Car alors que je m'en vois veoir
La beaulté qui d'un doux pouvoir
Le cueur si doucement me brulle,
Le bon sire Aymon se reculle,
Trop plus ententif au long tour
De ses cordes, qu'à mon amour.

III Ores donq'il fault que son heur,
Et sa constance et son honneur
Sur mon luth vivement j'accorde,
Pinsetant l'argentine corde
Du luc de madame parfaict,
Non celle que son mary faict.

IV Cet Aymon de qui quatre filz
Eurent tant de gloire jadis,
N'eust en sa fortune ancienne
Fortune qui semble à la tienne,
Sire Aymon, car sans ses enfans
Il n'eust poinct surmonté les ans.

V Mais toy sans en avoir onq'eu
As en vivant si bien vaincu
L'effort de ce Faucheur avare,
Que quand ta memoire si rare
Entre les hommes perira,
Le Soleil plus ne reluira.

VI O combien je t'estime heureux!
Qui vois les tresors plantureux,
De ton espouze ma maistresse,
Qui vois l'or de sa blonde tresse,
Et les attraictz delicieux
Qu'Amour descoche de ses yeux.

VII Qui vois quand tu veulx ces sourciz,
Sourciz en hebeine noirciz,
Qui vois les beaultez de sa face,
Qui vois et contemples sa grace,

Qui la vois si souvent baler,
Et qui l'ois si souvent parler.

VIII Et qui vois si souvent encor,
Entre ces perles et cet or,
Un rubis qui luyt en sa bouche,
Pour adoucir le plus farouche,
Mais un rubiz qui sçait trop bien
La rendre à soy sans estre sien.

IX Ce n'est des rubiz qu'un marchant
Avare aux Indes va cerchant,
Mais un rubiz qu'elle decore,
Plus que le rubiz ne l'honnore,
Fuyant ingrat à sa beaulté
Les apastz de sa privaulté.

X Heureux encor qui sans nul soin
Luy vois les armes dans le poing,
Et brandir d'une force adextre,
Ores à gauche, ores à dextre,
Les piques et les braquemars
En faisant honte au mesme Mars.

XI Mais pour bien ta gloire chanter
Je ne sçay que je doys vanter
Ou ton heur en telle abondance,
Ou la grandeur de ta constance,
Qui franc de ses beaultez jouyr
N'as que l'heur de t'en resjouyr.

XII Tu peulx bien cent fois en un jour
Veoir ceste bouche où niche amour,
Mais de fleurer jamais l'aleine,
Et l'ambre gris dont elle est pleine
Alleché de sa douce voix,
En un an ce n'est qu'une fois.

XIII Tu peulx bien cent fois en un jour
Veoir ceste cuysse faicte au tour,

Tu peux bien veoir encor ce ventre,
Et ce petit amoureux antre
Ou Venus cache son brandon,
Mais tu n'as point d'autre guerdon.

XIV Puisses tu veoir souvent ainsi
Les beaultez et graces aussi
Soit de son corps, soit de sa face,
Et puisse-je prendre en ta place
Les doux plaisirs et les esbatz
Qu'on prend aux amoureux combatz.

XV Et tousjours en toute saison,
Puisses tu veoir en ta maison
Maint et maint brave capitaine,
Que sa beaulté chez toy ameine,
Et tousjours, sire Aymon, y veoir
Maint et maint homme de sçavoir.

XVI Et lors qu'avec ton tablier gras
Et ta quenouille entre les bras
Au bruict de ton tour tu t'esgayes,
Puisse elle tousiours de mes playes,
Que j'ay pour elle dans le cueur,
Apaiser la douce langueur.

Odes d'Olivier de Magny, Paris, A. Wechel, 1559.

6. « Hunc ludum quam saepè tibi praebuit plebeia meretrix, quam partim à propria venustate, partim ab opificio mariti, Bellam Corderiam vocabant. »

(Ce passe-temps — de festoyer avec des femmes habillées en hommes — toi, Saconay, tu te l'es souvent offert avec cette vulgaire courtisane qu'on appelait « la Belle Cordière » tant à cause de sa beauté que du métier de son mari.)

Jean Calvin, *Gratulatio ad venerabilem presbyterum dominum Gabrielum de Saconay, prae-*

centorem ecclesiae lugdunensis (Pamphlet contre Gabriel de Saconay, précenteur de l'Église de Lyon), 1560.

7. Louise Labé « avoit la face plus angelique, qu'humaine : mais ce n'estoit rien à la comparaison de son esprit tant chaste, tant vertueux, tant poëtique, tant rare en sçavoir, qu'il sembloit qu'il eust esté creé de Dieu pour estre admiré comme un grant prodige, entre les humains ».

Guillaume Paradin de Cuyseaulx, doyen de Beaujeu (1510-1590), *Mémoires pour servir à l'histoire de Lyon,* 1573.

8. « Ceste impudique Loyse l'Abbé, que chacun sçait avoir faict profession de courtisanne publique jusques à sa mort. »

Claude de Rubys, procureur général de la commune, conseiller à la sénéchaussée de Lyon et au Parlement des Dombes, auditeur de camp au gouvernement du Lyonnais, échevin, ardent ligueur, et dont l'épouse était florentine. *Les Privileges, Franchises et Immunitez octroyées par les Rois treschretiens, aux Consuls, Eschevins, manans, et habitans de la ville de Lyon, et à leur postérité.* Lyon, Gryphe, 1573.

9. « Si le lecteur veut voir le discours de dame Loyse l'Abbé, dicte la Belle-Cordiere (oeuvre qui sent trop mieux l'erudite gaillardise de l'esprit de Maurice Sceve, que d'une simple Courtisane, encore que souvent doublée) il trouvera que les plus follastres sont les mieux venus avec les femmes. »

Pierre de Saint-Julien, *Gemelles ou Pareilles, Recueillies de divers auteurs,* Lyon, 1584.

10. « Louise l'Abé, Lyonnoise, femme tres-docte, vulgairement appellee la belle Cordiere de Lyon, de laquelle l'anagramme est, *Belle à soy;* elle sçavoit fort bien composer en vers et prose. »

La Croix du Maine, *Bibliothèque du sieur La Croix du Maine,* Paris, 1584.

11. « Ce n'est pas pour estre courtisanne que je luy donne place en ceste Bibliotheque, mais seulement pour avoir escrit. »

Antoine du Verdier (1544-1600), *Bibliothèque,* 1585.

12. Claude de Rubys revient à la charge pour attaquer Paradin : en soutenant contre l'homme d'Église que Louise Labé était « l'une des plus insignes courtisanes de son temps ».

Claude de Rubys, *Histoire veritable de la ville de Lyon,* Lyon, 1604.

13. « Ceste Louise (...) fut fort bien versée en la langue latine, dessus et outre la capacité de son sexe ; elle estoit admirablement excellente en la poësie des langues vulgaires dont rendent tesmoignage ses oeuvres qu'elle a laissé à la postérité : entre autre, son *Dialogue de la Folie et de l'Amour,* plein de tant et si belles fleurs, tant pour la moralité que pour les descriptions élegantes qu'elle y a artificieusement dressé que ceste oeuvre a esté recerchée et admirée des espris les mieuz nés de ce siecle. »

J. Dagoneau, *La Rose des Nymphes illustres,* Ms. Bibl. de Reims, 15..?

4. La Fontaine s'est certainement inspiré du *Débat* dans sa fable : « L'Amour et la Folie », même s'il a pu lire une pièce latine du P. Commire, *Dementia amorem ducens*, en manuscrit :

L'AMOUR ET LA FOLIE

Tout est mystère dans l'Amour,
Ses flèches, son carquois, son flambeau, son enfance.
Ce n'est pas l'ouvrage d'un jour
Que d'épuiser cette science.
Je ne prétends donc point tout expliquer ici.
Mon but est seulement de dire à ma manière
Comment l'aveugle que voici
(C'est un dieu), comment, dis-je, il perdit la lumière ;
Quelle suite eut ce mal, qui peut-être est un bien ;
J'en fais juge un amant, et ne décide rien.

La Folie et l'Amour jouoient un jour ensemble :
Celui-ci n'étoit pas encor privé des yeux :
Une dispute vint : l'Amour veut qu'on assemble
Là-dessus le conseil des dieux.
L'autre n'eut pas la patience ;
Elle lui donne un coup si furieux
Qu'il en perd la clarté des cieux.
Vénus en demande vengeance,
Femme et mère, il suffit pour juger de ses cris :
Les dieux en furent étourdis,
Et Jupiter, et Némésis,
Et les juges d'enfer, enfin toute la bande.
Elle représenta l'énormité du cas :
« Son fils sans un bâton ne pouvoit faire un pas.
Nulle peine n'étoit pour ce crime assez grande.
Le dommage devoit être aussi réparé. »
Quand on eut bien considéré
L'intérêt du public, celui de la partie,
Le résultat enfin de la suprême cour

Fut de condamner la Folie
A servir de guide à l'Amour.

Livre XII, fable 14.

15. « Cette femme faisoit en même temps déshonneur aux lettres et honneur ; elle les déshonoroit, puisqu'étant auteur elle menoit une vie de courtisane : et elle les honoroit, puisque les savans étoient mieux reçus chez elle sans rien payer, que les ignorans prêts à lui compter une bonne somme. »

Pierre Bayle, *Dictionnaire historique et critique,* édition de 1720.

16. « Une des rares Lyonnaises dignes de mémoire... »

Jean Pernetti (1696-1772), *Recherches pour servir à l'histoire de Lyon,* 1757.

17. « La plus belle fable des Grecs est celle de Psyché ; la plus plaisante fut celle de la matrone d'Éphèse ; la plus jolie parmi les modernes fut celle de la Folie qui, ayant crevé les yeux à l'Amour, est condamnée à lui servir de guide. »

Voltaire, *Questions sur l'Encyclopédie,* article « Fable », 1771.

18. « Louise Charly, femme d'un cordier, fit en 1550 un poème sur la liberté. Sa beauté et sa science ont formé l'emblème suivant : La belle Cordière est vêtue simplement, assise sur un lion ; une guirlande de fleurs lui

descend de l'épaule gauche au côté droit; de la main droite elle tient une pique entrelassée de lis, et surmontée du chapeau de Guillaume Tell, *restaurateur de la liberté Helvétique ;* à ladite pique est encore adapté un ruban sur lequel est cette légende :

Tu prédis nos destins, Charly, belle Cordière,
Car pour briser nos fers tu volas la première.

De l'autre côté du ruban est gravé :

Belle Cordière, ton espoir n'était pas vain.

Au chapeau de Guillaume Tell est le panache aux trois couleurs. De la main gauche, Louise Labé tient son poème sur la liberté Françoise, qui est appuyé sur un globe terrestre. Le lion tient sous une de ses pattes le livre de la Constitution; à côté est l'autel de la patrie, où brûle le feu du patriotisme; d'un côté est une plante d'olivier, signe de la paix, et de l'autre une de laurier, signe de la gloire; des livres en désordre sont à ses pieds, qui désignent sa science. »

Almanach de Lyon, description du drapeau d'un bataillon de la Garde nationale, dit « bataillon de la Belle Cordière », 1790.

9. LOUISE LABÉ

Quoi ! c'est là ton berceau, poétique Louise !
Mélodieux enfant, fait d'amour et d'amour,
Et d'âme, et d'âme encore, et de mollesse exquise;
4 Quoi ! c'est là que ta vie a pris l'air et le jour !

Quoi ! les murs étouffants de cette étroite rue
Ont laissé, sans l'éteindre, éclore ta raison ?
Quoi ! c'est là qu'a brillé ta lampe disparue ?
8 La jeune perle ainsi colore sa prison !

Où posais-tu tes pieds délicats et sensibles,
Sur le sol irrité que j'effleure en tremblant?
Quel ange, aplanissant ces sentiers impossibles,
12 A soutenu ton vol sur leur pavé brûlant?
Oh! les cailloux aigus font chanceler la grâce;
Ici l'enfance, lente et craintive à souffrir,
Pour s'élancer aux fleurs, pour en chercher la trace,
16 En sortant du berceau, n'apprend pas à courir:
Paresseuse, elle marche; et sa timide joie
Ressemble au papillon sur l'épine arrêté:
Son aile s'y déchire avant qu'il ne la voie,
20 A son instinct rôdeur il boude tout l'été.
As-tu vu ce radeau, longue et mouvante rue,
Qui s'enfuit sur le dos du fleuve voyageur?
Osais-tu regarder, de mille ondes accrue,
24 Cette onde qui surgit comme un fléau vengeur!

Non, ce n'est pas ainsi que je rêvais ta cage,
Fauvette à tête blonde, au chant libre et joyeux;
Je suspendais ton aile à quelque frais bocage,
28 Plein d'encens et de jour aussi doux que tes yeux!
Et le Rhône en colère, et la Saône dormante,
N'avaient point baptisé tes beaux jours tramés d'or;
Dans un cercle de feu tourmentée et charmante,
32 J'ai cru qu'avec des fleurs tu décrivais ton sort,
Et que ton aile au vent n'était point arrêtée
Sous ces réseaux de fer aux rigides couleurs;
Et que tu respirais la tristesse enchantée
36 Que la paix du désert imprime aux jeunes fleurs;
Que tu livrais aux flots tes amoureuses larmes,
Miroir pur et profond qu'interrogeaient tes charmes;
Et que tes vers émus, nés d'un frais souvenir,
40 S'en allaient sans efforts chanter dans l'avenir!

Mais tu vivais d'une flamme
Raillée en ce froid séjour;
Et tu pleurais de ton âme,
44 O Salamandre d'amour!

Quand sur les feuilles parlantes
Que ton cœur sut embraser,
Tu laisses dans un baiser
48 Courir tes larmes brûlantes,

O Louise! on croit voir l'éphémère éternel
Filer dans les parfums sa soyeuse industrie;
Lorsque, tombé du ciel, son ardente patrie,
52 Il en retient dans l'ombre un rayon paternel;
Fiévreux, loin du soleil, l'insecte se consume;
D'un fil d'or sur lui-même ourdissant la beauté,
Inaperçu dans l'arbre où le vent l'a jeté,
56 Sous un linceul de feu son âme se rallume!

Oui! ce sublime atome est le rêve des arts;
Oui! les arts dédaignés meurent en chrysalides,
Quand la douce chaleur de caressants regards
60 Fait pousser par degrés leurs ailes invalides.
Telle, étonnée et triste au bord de son réveil,
Quelque jeune Louise, ignorant sa couronne,
N'ose encor révéler à l'air qui l'environne
64 Qu'une âme chante et pleure autour de son sommeil.
Car tu l'as dit: longtemps un silence invincible,
Étendu sur ta voix qui s'éveillait sensible,
Fit mourir dans ton sein des accents tout amour,
68 Que tu tremblais d'entendre et de livrer au jour.

Mais l'amour! oh! l'amour se venge d'être esclave.
Fièvre des jeunes cœurs, orage des beaux jours,
Qui consume la vie et la promet toujours,
72 Indompté sous les nœuds qui lui servent d'entrave,
Oh! l'invisible amour circule dans les airs,
Dans les flots, dans les fleurs, dans les songes de l'âme,
Dans le jour qui languit trop chargé de sa flamme,
76 Et dans les nocturnes concerts!
Et tu chantas l'amour! ce fut ta destinée;
Belle! et femme! et naïve, et du monde étonnée,
De la foule qui passe évitant la faveur,
80 Inclinant sur ton fleuve un front tendre et rêveur,

Louise ! tu chantas. A peine de l'enfance
Ta jeunesse hâtive eut perdu les liens,
L'amour te prit sans peur, sans débats, sans défense ;
84 Il fit tes jours, tes nuits, tes tourments et tes biens !

Et toujours par ta chaîne au rivage attachée,
Comme une nymphe triste au milieu des roseaux,
Des roseaux à demi cachée,
88 Louise ! tu chantas dans les fleurs et les eaux.

De cette cité sourde, oh ! que l'âme est changée !
Autrefois tu charmais l'oreille des pasteurs ;
Autrefois, en passant, d'humbles navigateurs
92 Suspendaient à ta voix la rame négligée,
Et recueillant dans l'air ton rire harmonieux,
Comme un écho fuyant on les entendait rire ;
Car, sous tes doigts ingénieux,
96 Le luth ému disait tout ce qu'il voulait dire !

Tout ce que tu voyais de beau dans l'univers,
N'est-ce pas ? comme au fond de quelque glace pure,
Coulait dans ta mémoire et s'y gravait en vers !
100 Oui ! l'âme poétique est une chambre obscure
Où s'enferme le monde et ses aspects divers !

Marceline Desbordes-Valmore, *Les Pleurs,* 1833.
(Le vers 19 est absent dans l'édition originale.)

20. « Les poésies de la Belle Cordière, il faut l'avouer, renferment, en quelques endroits, des expressions un peu vives et qui semblent sortir de la retenue imposée à son sexe. Mais ce défaut, qui appartient au siècle où elle vivoit, ne sauroit être un préjugé contre sa vertu. Alors la réserve étoit dans les actions, et nullement dans les paroles. »

Breghot du Lut, « Notice » à son édition de 1824.

1. Le *Débat,* « cet excellent dialogue, élégant, spirituel et facile, mis en regard des vers de Louise Labé, est un exemple de plus (cela nous coûte un peu à dire) qu'en français la prose a eu de tout temps une avance marquée sur la poésie ».

« Qu'importe qu'elle ait été docte, puisqu'elle a été passionnée et qu'elle parle à tout lecteur le langage de l'âme ? »

Sainte-Beuve, « Louise Labé », *Revue des Deux Mondes,* 15 mars 1845.

2. « En résumé, si nous laissons Du Verdier de côté, on peut dire que le nom de Louise Labé nous arrive avec les éloges de deux écrivains de son temps et les injures de deux autres. Les premiers sont un curé du voisinage et un calviniste des environs ; les seconds, le chef même de la Réforme à Genève et un des principaux meneurs de la Ligue à Lyon. La louange de Paradin est sans restriction, celle de Dagoneau est au contraire fort prudente. L'injure de Calvin est une simple épithète jetée à la jolie Cordière au cours d'un pamphlet latin contre un violent adversaire ; celle de Rubys, au contraire, voulue, détaillée et tenace, désigne Louise Labé et par son nom et par son surnom, pour la qualifier deux fois, en français tout cru, de courtisane publique.

« Pour nous, l'étude attentive de ce petit procès ne nous a pas mené à une troisième opinion, produit de la combinaison des deux témoignages contemporains. Nous les laissons subsister dans leurs affirmations sans réticence, et nous ne sommes nullement surpris de leur contradiction absolue. Ange de vertu, la Belle Cordière pouvait très bien — cela s'est vu d'autres fois — être représentée comme une femme de mauvaise vie par quelques hommes passionnés ou légers. Femme sans mœurs, Louise Labé pouvait n'avoir été aperçue que pendant ses heures de travail et ses jours de repos, par quelques hommes honnêtes et sérieux. Dans l'un comme dans l'autre cas, la critique ou l'éloge ne s'arrête jamais à mi-chemin, quand il s'agit d'une femme, et elle va tout droit jusqu'à en faire une Pénélope ou une Phryné.

« Pour Louise Labé, plus que pour toute autre, il ne pouvait en être différemment. Elle s'est trouvée aux prises avec les préjugés étroits de son entourage et les tendances développées chez elle par une éducation trop large, peut-être même trop libérale. Ajoutons que, dépaysée parmi les siens, elle n'a pu s'introduire, comme l'eût fait un homme, dans le milieu supérieur qui lui convenait, et nous serons en droit de conclure qu'elle n'a été comprise ni du monde auquel elle appartenait, ni de celui auquel elle aurait dû appartenir. »

Charles Boy, « Recherches sur la vie et les œuvres de L. L. » au tome 2 de son édition de 1887.

23. « Elle aima passionnément, voilà tout ce que nous pouvons dire ; et c'était la première fois qu'en notre langue la passion s'exprimait en se déchaînant avec cette véhémence et cette naïveté. »

Ferdinand Brunetière, « La Pléiade française et l'école lyonnaise », *Revue des Deux Mondes,* 15 décembre 1900.

24. Les vers de Louise Labé sont « les plus beaux vers passionnés du monde ».

Émile Faguet, *Histoire de la littérature française,* 1900.

25. « C'est avec Louise Labé que les Lyonnais touchèrent un instant presque à la perfection. (...) A force de sincé-

rité elle atteignit là où Ronsard et du Bellay n'arrivèrent que bien tard, dégagés à grand peine de leur premier pédantisme : à l'originalité. »

Max Jasinski, *Histoire du sonnet en France,* 1903.

26. « Louïze Labé fürchtete nicht, dieses Kind zu erschrecken mit der Leidenslänge der Liebe. Sie zeigte ihr das nächtliche Steigen der Sehnsucht ; sie versprach ihr den Schmerz wie einen größeren Weltraum ; und sie ahnte, daß sie mit ihrem erfahrenen Weh hinter dem dunkel erwarteten zurückblieb, von dem diese Jünglingin schön war. »

(Louise Labé ne craignit pas d'effrayer cette enfant — Clémence de Bourges — par les longues souffrances de l'amour. Elle lui montra la montée nocturne du désir ; elle lui promit la douleur comme un univers agrandi ; et elle soupçonnait qu'avec sa douleur si longuement éprouvée elle était loin d'atteindre cette attente obscure qui rendait cette adolescente si belle.)

Rainer Maria Rilke, *Die Aufzeichnungen des Malte Laurids Brigge (Les Cahiers de M. L. Brigge),* 1910

27. Louise Labé « brode à ravir sur l'amour, le platonisme, la galanterie, et les bienséances ». Elle « lève aussi avec un grand bon sens l'étendard des revendications féminines les plus fortes ».

Émile Henriot, « Courrier littéraire, L. L., écuyère, amoureuse et poétesse », *Le Temps,* 11 nov. 1924.

28. « Le mérite de Louise c'est, qu'à une époque où ce genre de poésie était encore tout neuf en France, elle sut

écrire des sonnets, des sonnets originaux et non calqués sur des poèmes italiens. »

Dorothy O'Connor, *Louise Labé. Sa vie et son œuvre*, 1926.

29. PLAINTE POUR LE QUATRIÈME CENTENAIRE D'UN AMOUR

L'amour survit aux revers de nos armes
Linceul d'amour à minuit se découd
Les diamants naissent au fond des larmes
L'avril encore éclaire l'époque où
S'étend sur nous cette ombre aux pieds d'argile
Jeunesse peut rêver la corde au cou
Elle oublia Charles-Quint pour Virgile
Les temps troublés se ressemblent beaucoup

Abandonnant le casque et la cantine
Ces jeunes gens qui n'ont jamais souri
L'esprit jaloux des paroles latines
Qu'ont-ils appris qu'ils n'auront désappris
Ces deux enfants dans les buissons de France
Ressemblent l'Ange et la Vierge Marie
Il sait par cœur Tite-Live et Térence
Quand elle chante on dirait qu'elle prie

Je l'imagine Elle a des yeux noisette
Je les aurais pour moi bleus préférés
Mais ses cheveux sont roux comme vous êtes
O mes cheveux adorés et dorés
Je vois la Saône et le Rhône s'éprendre
Elle de lui comme eux deux séparés
Il la regarde et le soleil descendre
Elle a seize ans et n'a jamais pleuré

Les bras puissants de ces eaux qui se mêlent
C'est cet amour qu'ils ne connaissent pas

Qu'ils rêvaient tous deux Olivier comme elle
Lui qu'un faux amour à Cahors trompa
Vêtu de noir comme aux temps d'aventure
Les paladins fiancés au trépas
Ceux qui portaient à la table d'Arthur
Le deuil d'aimer sans refermer leurs bras

Quel étrange nom la Belle Cordière
Sa bouche est rouge et son corps enfantin
Je m'en souviens mal C'est un rêve d'hier
Elle était blanche ainsi que le matin
Lyon Lyon n'écoute pas la Saône
Trop de noyés sont assis au festin
Ah que ces eaux sont boueuses et jaunes
Comment pourrais-je y lire mon destin

Je chanterai cet amour de Loyse
Qui fut soldat comme Jeanne à seize ans
Dans ce décor qu'un regard dépayse
Qui défera ses cheveux alezans
Elle avait peur que la nuit fût trop claire
Elle avait peur que le vin fût grisant
Elle avait peur surtout de lui déplaire
Sur la colline où fuyaient des faisans

N'aimes-tu pas le velours des mensonges
Il est des fleurs qu'on appelle pensées
J'en ai cueilli qui poussaient dans mes songes
J'en ai pour toi des couronnes tressé
Ils sont entrés dans la chapelle peinte
Et sacrilège il allait l'embrasser
La foudre éclate et brûle aux yeux la sainte
Le toit se fend Les murs sont renversés

Ce coup du ciel à jamais les sépare
Rien ne refleurira ces murs noircis
Et dans nos cœurs percés de part en part
Qui sarclera ces fleurs de la merci
Ces fleurs couleur de Saône au cœur de l'homme
Ce sont les fleurs qu'on appelle soucis

Olivier de Magny se rend à Rome
Et Loyse Labé demeure ici

Quatre cents ans les amants attendirent
Comme pêcheurs à prendre le poisson
Quatre cents et je reviens leur dire
Rien n'est changé ni nos cœurs ne le sont
C'est toujours l'ombre et toujours la mal'heure
Sur les chemins déserts où nous passons
France et l'Amour les mêmes larmes pleurent
Rien ne finit jamais par des chansons

ARAGON. 1941.

Œuvres poétiques de Louise Labé, adaptation et introduction de Roger Schaffter, avec un poème d'Aragon à la mémoire de Louise Labé, 1943.

30. « Elle était mondaine, ardente, à la page. Et pourtant, elle reste révolutionnaire. Cette princesse d'école lyonnaise demeure une Antigone, une délicieuse rebelle. »

« Aucune solution de continuité entre sa vie affective et sa plume d'oie. Un monde uni, harmonieux, éludé et précisé : son cœur. » *La femme,* disait Érasme, *est un animal inepte et ridicule. Platon avait raison de se demander dans quelle catégorie la placer, celle des êtres raisonnables ou des brutes.* Justement, Louise Labé cherche à s'envoler, par ses vers, de ce noir cristal, de cette imagerie émaciée et rigide, de cette cire spirituelle strictement affranchie des lois de la matière. Elle veut être tout autant une femme qu'une poétesse. Elle veut les droits du cœur, comme celles d'aujourd'hui veulent les droits de la citoyenne. »

Léon-Paul Fargue, « L. L. », *Revue de Paris,* février 1950.

31. Le *Débat* « est une œuvre charmante, aisée, heureuse, l'œuvre d'un excellent prosateur. (...) Sa phrase est vive et nette, toujours fraîche, jusque dans l'éloquence, jusque dans les images, qui d'ailleurs définissent plutôt qu'elles ne comparent. Il lui arrive, dans sa gracieuse articulation, d'atteindre à la vigueur ; elle tire de certains archaïsmes une saveur nouvelle, mais n'accorde que fort peu à l'influence grecque et latine. Ce n'est plus la prose de Rabelais ni celle de Marguerite ; elle s'apparente un peu à celle d'Amyot et nous laisse pressentir Montaigne ».

« Si le *Débat,* à mi-chemin entre ceux du Moyen Age et ceux de l'hôtel de Rambouillet, nous révèle une Précieuse : c'est une vraie Précieuse, qui n'ignore ni la mesure ni le goût. »

Marcel Arland, *La Prose française,* 1951.

32. « Dans son cas, le pétrarquisme, au lieu de donner lieu à une sorte de sophistique, garantit les aveux d'une minutieuse sincérité féminine — mais non efféminée. »

« Enfreignant la plupart des conventions sociales de son temps » mais ne pouvant trouver « le repos de l'âme et le calme des sens dans un immoralisme surhumain, elle en est donc réduite à se délecter dans les ténèbres de ses fautes, qu'illumine soudain un éclair de jouissance, avec une sorte de morosité spasmodique et tendre, sans analogue, croyons-nous, dans l'histoire des lettres européennes. »

Albert-Marie Schmidt, *Poètes du XVI*^e^ *siècle,* 1953.

33. « On s'étonne qu'elle ait pu passer, aux yeux de certains, pour une indigne courtisane. On ne saurait trouver dans toute notre littérature des poèmes d'amour plus pudiques. Il est vrai que Louise Labé n'a pas le sens du

péché : elle a l'innocence du cœur et de la chair. Elle reste la plus grande poétesse qui soit née en France. »

Léopold Sedar Senghor, *Anthologie des poètes du XVI*e *siècle*, 1955.

34. « Louise Labé s'accepte dans son sexe. » Elle « se veut une nature féminine sans exaspération. Comme l'accentuation de la force chez l'homme le conduit à la violence, l'aggravation de la féminité chez la femme la mène à l'exhibitionnisme et au désordre lyrique. Rien de tel chez Louise Labé, être volontaire ».

Gérard Guillot, *Louise Labé*, 1962.

35. « Louise Labé eliminates the frills and trappings of her love and presents us with the burning core. There are no anecdotes, no personal descriptions, no specific details mentioned : her poetry can be of any age and any place. »

(L. L. élimine tout ce qu'il y a de secondaire et d'accessoire dans son amour pour nous en offrir seulement l'essence brûlante. Elle ne fait mention d'aucune anecdote, d'aucune description personnelle, d'aucun détail précis : sa poésie peut être de tout temps et de tout lieu.)

Bettina L. Knapp, *Les Sonnets/The Sonnets*, 1964.

36. « Ce cri nu est celui de la volupté. Ces plaintes amoureuses n'avaient pas été entendues dans la poésie depuis Sapho — et ne le seront plus, si vous voulez mon avis. »

Maurice Fombeure, *Œuvres poétiques de L. L.*, 1967.

37. « On est véritablement surpris, à parcourir une telle œuvre [le *Débat*], de sa richesse si condensée. Il semble

qu'il y ait là en germe une immense part de la littérature à venir : Molière, Marivaux, Swift, Beaumarchais, de Laclos et bien d'autres aussi, grands lyriques ou grands sceptiques ou grands observateurs des mœurs de ce monde. »

Fernand Zamaron, *Louise Labé, dame de franchise,* 1968.

38. « In the first half of the sixteenth century, the wealthy and wellborn woman was being encouraged to read and study by the availability to her of printed books ; by the strengthening of the image of the learned lady, as the writings of Christine de Pisan and Marguerite de Navarre appeared in print ; and by the attitude of some fathers, who took seriously the modest educational programs for women being urged by Christian humanists like Erasmus and Juan Luis Vives. Reading and writing for women of the *menu peuple* was more likely to be ridiculous, a subject for farce. All this shows how extraordinary was the achievement of Louise Labé, the one lowborn female poet of sixteenth-century France. From a family of Lyon ropemakers, barber-surgeons, and butchers, in which some of the women were literate and some (including her own stepmother) were not, Louise was beckoned to poetry and publication by her talent and by profane love. »

(Pendant la première moitié du XVIe siècle, on encourageait la femme riche et bien née à lire et à écrire : en mettant à sa disposition des livres imprimés ; en l'incitant à suivre le modèle de la femme cultivée par la publication des œuvres de Christine de Pisan et de Marguerite de Navarre ; enfin par le fait que certains pères prenaient au sérieux les modestes programmes d'enseignement pour les femmes qu'avaient recommandés des humanistes chrétiens comme Érasme et Vivès. En revanche, il est probable que pour les femmes du menu peuple la lecture et l'écriture passaient pour ridicules : c'étaient des sujets réservés à la farce. Tout cela montre à quel point l'exploit de Louise Labé fut extraordinaire, elle, la seule femme poète de basse naissance dans la France du XVIe siècle. Issue d'une famille lyonnaise de cordiers, de chirurgiens-barbiers et de bouchers, où certaines femmes (dont sa propre belle-mère) étaient illettrées, Louise fut appelée à écrire des poèmes et à les publier : parce qu'elle avait du talent et qu'elle était amoureuse.)

Natalie Zemon Davis, « City Women and Religious Change », *Society and Culture in Early Modern France*, 1975.

39. Dans le *Débat,* « Amour représente avant tout le discours littéraire ; il est le signifiant d'une activité créatrice laquelle participe également de Folie. Elle est, elle aussi, impulsion créatrice et, de ce fait, elle participe du domaine d'Amour. Le questionnement de ces deux formes de discours s'opère par le recours à cette troisième forme de discours non clôturé qu'est le débat et constitue une critique de la spécificité du fait littéraire. (...) Texte de la dis-semblance, le *Débat* jouerait donc, à côté d'un texte explicitement théorique comme la *Défense et illustration de la langue française* de Du Bellay, un rôle implicitement théorique ».

Marie-Rose Logan, « La Portée théorique du *Débat* de L. L. », *Saggi e Ricerche di Letteratura Francese,* vol. XVI, 1977.

40. « Labé's lyrical voice is truly one of the best expressions in literature of artful simplicity, of a consistent and masterly synthesis of *fond* and *forme,* of passion and poetry. »
(La voix lyrique de Louise Labé est véritablement l'une de celles qui expriment le mieux, en littérature, la

simplicité artistique, cette magistrale synthèse cohérente du fond et de la forme, de la passion et de la poésie.)

Jerry C. Nash, «*Ne veuillez point condamner ma simplesse :* L. L. and Literary Simplicity», *Res Publica Litterarum,* vol. III, 1980.

41. « Louise.

Le mot est là, bien en évidence au début du second paragraphe. Impossible de raturer. (...)

Seuls trois mots ont gardé sur moi tout leur pouvoir: *Louise Labé Lyonnaise.* Sa signature. Trois mots qui s'entrelacent jusqu'à n'en former qu'un. (...)

Désir : quel mot lui ressemblait mieux ? »

Karine Berriot, *Parlez-moi de Louise,* Paris, Éditions du Seuil, 1980.

42. « La poésie mélodieuse et colorée de Louise Labé est entièrement, dans son essentialité, la projection d'un *moi* intense et tenace. Ce *moi,* toujours présent et alerte là même où il se pose en tant qu'éloignement, égarement, oubli, ce *moi* assoiffé de vie et de liberté même lorsqu'il a la certitude d'errer dans le vide d'une absence, ce *moi,* enfin, païen et romantique à la fois, est le ressort, le secret, l'âme de la poésie de Louise. C'est lui qui engendre le varié et merveilleux contraste des sentiments, qui découvre des perspectives et des analogies de plus en plus nouvelles, qui se réjouit dans son chant et soupire dans ses appels, qui anime, enfin, de couleur et lumière une poésie à laquelle il substitue toujours, dans le pire des cas, une substance sincère et concrète. Dans aucun *canzoniere* de l'époque on ne trouve autant de présence et de personnalité, cet *égotisme* vigoureux et irrésistible, qu'en celui de Louise Labé. »

Enzo Giudici, *Louise Labé,* 1981.

43. « Speaking out of silence, entering the terrain of male discourse from the margins, Pernette and Labé take over its central position as speakers and appropriate its rituals for their own ends. Their women's situations and women's voices do more than modify poetic style. They rewrite the rules of the game. »

(Sortant du silence pour occuper le lieu du discours masculin par la marge, Pernette du Guillet et Louise Labé s'emparent de sa position centrale en tant que locutrices et en adaptent les rituels à leurs propres fins. Leur condition de femme, leur voix de femme ne se limitent pas à modifier un style poétique : elles récrivent les règles du jeu.)

Ann Rosalind Jones, « Assimilation with a Difference : Renaissance Women Poets and Literary Influence », *Yale French Studies*, vol. LXII, 1981.

BIBLIOGRAPHIE

A) ÉDITIONS ANCIENNES :

1. *Evvres de Lovize Labé Lionnoize*. A Lion par Jan de Tournes, MDLV. Avec Privilege du Roy. [Au dernier feuillet : Acheve d'imprimer ce 12. Aoust, MDLV. (in-8°)].
2. *Evvres de Louize Labé Lionnoize. Revvës et corrigées par la dite Dame*. A Lion par Jan de Tournes, MDLVI. Avec Privilege du Roy (in-8°).
3. *Evvres de Lovize Labé Lionnoize*. A Lion par Jan de Tournes, MDLVI. [Édition abusive (in-16°)].
4. *Evvres de Loyse Labé Lionnoise*. A Rouen par Jan Garou, 1556 (in-16°).

B) PRINCIPALES ÉDITIONS MODERNES :

1. *Evvres de Lovize Labé Lionnoize,* éditées par N. F. Cochard et Breghot du Lut, Lyon, Durant & Perrin, 1824.
2. *Œuvres de Louise Labé,* éditées par Prosper Blanchemain, Paris, Librairie des Bibliophiles, 1875.
3. *Œuvres de Louise Labé,* éditées par Charles Boy, Paris, A. Lemerre, 1887, 2 tomes. Réimprimées par Slatkine, 1968.
4. *Œuvres complètes* de Louise Labé, édition critique et commentée par Enzo Giudici, Genève, Droz, 1981 (Textes littéraires français, n° 292).

C) PRINCIPAUX OUVRAGES À CONSULTER :

1. N. Z. DAVIS, *Society and Culture in Early Modern France*. Stanford University Press, 1975. Traduction française : *Les Cultures du peuple. Savoirs, rituels et résistances au XVIe siècle*. Paris, Aubier-Montaigne, 1980.

2. L. K. DONALDSON-EVANS, *Love's Fatal Glance. A Study of Eye Imagery in the Poets of the Ecole Lyonnaise*. University, Mississippi, 1980 (Romance Monographs, n° 39).

3. E. GIUDICI, *Louise Labé e l'« Ecole Lyonnaise ». Studi e ricerche con documenti inediti*. Avant-propos de Jean Tricou. Naples, Liguori, 1964. Et : *Louise Labé,* Paris, Nizet, 1981.

4. G. S. HANISCH, *Love Elegies of the Renaissance : Marot, Louise Labé and Ronsard,* Stanford French & Italian Studies, 1979.

5. G. GUILLOT, *Louise Labé*. Paris, Seghers, 1962 (« Écrivains d'hier et d'aujourd'hui »).

6. L. E. HARVEY, *The Aesthetics of the Renaissance Love Sonnet. An Essay on the Art of the Sonnet in the Poetry of Louise Labé*. Genève, Droz, 1962 [Travaux d'Humanisme et Renaissance].

7. A. LORIAN, *Tendances stylistiques de la prose narrative française du XVIe siècle*. Paris, Klincksieck, 1973.

8. D. O'CONNOR, *Louise Labé : sa vie et son œuvre*. Paris, Les Presses françaises, 1926.

9. E. SCHULZE-WITZENRATH, *Die Originalität der Louise Labé. Studien zum weiblichen Petrarkismus* [Beihefte zu Poetica, Heft 8]. Munich, Fink, 1974.

10. Ch. SITONA, *Le sens qui résonne. Analyse du sonnet français à travers l'œuvre de L.L.* Ravenne, Longo, 1984.

11. F. ZAMARON, *Louise Labé, Dame de franchise*. Paris, Nizet, 1968.

12. I. ZINGUER, *Misères et grandeur de la femme au XVIe siècle*. Genève, Slatkine, 1982.

D) TRAVAUX CRITIQUES SPÉCIALISÉS (choix d'articles et de thèses) :

1. M. J. BAKER, « The Sonnets of L. L. : A Reappraisal », *Neophilologus*, LX, 1, janvier 1976, 20-30.

2. A. CHAN, « Petrarchism and Neoplatonism in L. L.'s Concept of Happiness », *Australian Journal of French Studies*, septembre-décembre 1977, 213-232.

3. G. JONDORF, « Petrarchan Variations in Pernette du Guillet and L. L., *Modern Language Review*, LXXI, 4, octobre 1976, 766-778.

4. A. R. JONES, « Assimilation with a Difference : Renaissance Women Poets and Literary Influence », *Yale French Studies*, LXII, automne 1981, 135-153.

5. K. KUPISZ, « L'Épître dédicatoire de L. L. à Mlle de Bourges », *Le Lingue straniere*, XIII, 1964, 17-28.
K. KUPISZ, « L. L. en Pologne », *Cahiers d'Histoire*, Universités de Clermont, Grenoble et Lyon, XI, 1966, 369-383.

6. M.-R. LOGAN, « La Portée théorique du *Débat de Folie et d'Amour* de L. L. », *Saggi e ricerche di letteratura francese*, XVI, 1977, 9-25.

7. J. C. NASH, « L. L. and Learned Levity », *Romance Notes*, XXI, 2, 1980, 1-7.
J. C. NASH, « 'Ne veuillez point condamner ma simplesse' : L. L. and Literary Simplicity », *Res Publica Litterarum*, III, 1980, 91-100.

8. B. L. NICHOLAS, « The Uses of the Sonnet : L. L. and Du Bellay », *French Literature and its Background*, vol. I : *The XVIth century*, édité par John

Cruickshank, Londres, Oxford Univ. Press, 1968, 98-116.

9. S. PETREY, « The Character of the Speaker in the Poetry of L. L. », *The French Review,* XLIII, 4, mars 1970, 588-596.

10. Sh. M. POLINER, « *Signes d'amante* and the Dispossessed Lover : L.L.'s Poetics of Inheritance », Bibliothèque d'Humanisme et Renaissance, XLVI, 2, 1984, 323-342.

11. F. RIGOLOT, « Quel *genre* d'amour pour Louise Labé ? » *Poétique,* 55, septembre 1983, 303-317.
F. RIGOLOT, « Louise Labé et la redécouverte de Sappho », *Nouvelle Revue du XVI*[e] *siècle,* 1, 1983.
F. RIGOLOT, « Signature et signification : les baisers de L. L. », *Romanic Review,* LXXV, 1, janv. 1984, 10-24.

12. N. RUWET, « L'Analyse structurale de la poésie » et « Un sonnet de L. L. », *Langage, Musique, Poésie,* Paris, Éditions du Seuil, 1972, 151-175 et 176-199.

13. Ch. A. SAINTE-BEUVE, « La Belle Cordière, L. L. », *Revue des Deux Mondes,* 15 mars 1845 [*Portraits contemporains,* Paris, Didier, 1855, tome III, 156-184].

Ch. A. SAINTE-BEUVE, « *Œuvres* de L. L., La Belle Cordière », *Le Constitutionnel,* 23 février 1863 [*Nouveaux Lundis,* Paris, M. Lévy, 1872, tome IV, 289-317].

14. A.-M. SCHMIDT, « Les poètes lyonnais du XVIe siècle », *L'Information littéraire,* III, mai-juin 1952 [*Études sur le XVI*[e] *siècle,* Paris, A. Michel, 1967, 173-194].
A.-M. SCHMIDT, « Louise Labé », *Poètes du XVI*[e] *siècle,* Paris, Gallimard, 1953, 271-272 [Bibliothèque de la Pléiade].

15. Ch. SIBONA, « Analyse sémiotique d'un texte de L. L. », *Regards sur la sémiologie contemporaine,*

Université de Saint-Étienne, 1978, 151-157 [Travaux, XXI].

16. S. C. SIGAL, « Le Platonisme et le sensualisme dans l'œuvre de L. L. », *Dissertation Abstracts*, vol. 36, 8, 1976 [Thèse, Tulane University, 1975], 5341-5342A.

17. G. TRICOU, « L. L. et sa famille », *Bibliothèque d'Humanisme et Renaissance*, V, 1944, 60-104.

18. K. VARTY, « L. L.'s Theory of Transformation », *French Studies*, XII, 1, janvier 1958, 5-13.
K. VARTY, « The Life and Legend of L. L. », *Nottingham Medieval Studies*, III, 1959, 78-108.

19. Ch. L. WOODS, « The Three Faces of L. L. », *Dissertation Abstracts*, vol. 38, 5, 1977 [Thèse, Syracuse University, 1976], 2836-2837A.

CHRONOLOGIE

Vers 1493 : Pierre Charly, apprenti cordier industrieux mais illettré, épouse Guillemette Decuchermois, veuve de Jacques Humbert, dit Labé, artisan cordier prospère demeurant rue de l'Arbre-sec au pied de la colline Saint-Sébastien à Lyon. Ils ne semblent pas avoir eu d'enfants.

Vers 1514 : Décès de Guillemette. Pierre Charly, dit Labé à son tour, est devenu propriétaire d'un atelier, d'une maison de trois étages et d'un vaste jardin, rue de l'Arbre-sec.

Vers 1515 : Pierre Charly se remarie avec Étiennette Roybet, dont il hérite une propriété, la Gela, et d'autres possessions immobilières dans le quartier lyonnais qui correspond à l'actuelle place Morel. De cette seconde union naîtront cinq enfants : trois fils (Barthélemy, François et Mathieu) et deux filles (Claudine et Louise).

Entre 1516 et 1523 : Naissance de Louise Labé rue de l'Arbre-sec ou à la Gela, propriété de ses parents à Lyon.

1520 : Traduction française de l'*Éloge de la Folie* d'Érasme, publiée par Galliot du Pré à Paris.

Vers 1523 : Décès d'Étiennette, mère de Louise Labé.

Avant 1527 : Agé de plus de soixante ans, Pierre Charly se remarie avec Antoinette Taillard, fille d'un maître-boucher (les bouchers ont alors un statut social supérieur à celui des cordiers). De cette troisième union naîtront deux enfants : Jeanne et Pierre II Charly, dit Labé.

1528 : Publication d'une traduction partielle des *Dialogues* de Lucien en latin à Strasbourg. Louise Labé s'inspirera du deuxième dialogue dans son *Débat de Folie et d'Amour*.

1531 : Première édition lyonnaise des *Triomphes* de Pétrarque en français (réimprimée en 1545 et 1550 ; en italien en 1551).

1532 : Clément Marot, *L'Adolescence Clémentine ;* L'Arioste, *Roland furieux*.

1532 ou 1533 : Publication du *Pantagruel* de Rabelais à Lyon chez Claude Nourry. Naissance possible de Clémence de Bourges, amie de Louise Labé.

1533 : Publication du *Platon* de Marsile Ficin à Lyon. L'engouement pour Pétrarque s'intensifie avec la découverte du prétendu tombeau de Laure de Noves à Avignon par Maurice Scève.

1534 : En tant que maître des métiers, Pierre Charly, dit Labé, est appelé devant l'assemblée des Consuls pour approuver la fondation de l'Aumône générale. Publication des 21 premières élégies de Marot dans la *Suite de l'Adolescence Clémentine*. Publication probable du *Gargantua* de Rabelais chez François Juste à Lyon.

1537 : Traduction du *Courtisan* de B. Castiglione par J. Colin, publiée à Lyon chez François Juste.

1539 : Grand « tric » (grève) des imprimeurs de Lyon.

1542 : Louise Labé aurait pris part, en habits masculins, au siège ou au tournoi de Perpignan (cf. Ode XXIV des *Escriz*) sous le nom du « Capitaine Loys » (selon Antoine du Verdier). Son frère François lui a probablement appris l'escrime et l'équitation. Premiers vers de Ronsard.

1543 : Le 15 août, Pierre Charly, âgé de 78 ans, fait faire son testament. Mort de Copernic et publication de son *De Revolutionibus orbium cœlestium*.

1544 : Mort de Clément Marot à Turin. Publication de la *Délie* de Maurice Scève à Lyon chez Sulpice Sabon pour Antoine Constantin.

Entre 1543 et 1545 : Louise Labé épouse Ennemond Perrin, modeste artisan cordier demeurant à l'angle de la rue Notre-Dame-de-Confort et de la rue ensuite appelée Belle-Cordière à Lyon.

1545 : Publication posthume des *Rymes* de Pernette du Guillet, amie de Louise Labé et de Maurice Scève, par les soins d'Antoine du Moulin chez l'imprimeur Jean de Tournes. Traduction des *Azolains* de Bembo par J. Martin en français : Louise Labé y fera plusieurs emprunts dans le *Débat de Folie et d'Amour*. Début du concile de Trente.

1546 : Première édition du *Tiers Livre* de Rabelais chez Wechel à Paris, réimprimée la même année à Lyon. Publication de la traduction française du *De Amore* de Marsile Ficin. Mort de Luther. Pierre Lescot commence à travailler au Louvre.

1547 : Marguerite de Navarre, *Poésies*. Rencontre de Ronsard et Du Bellay. Mort de François Ier et avènement de Henri II.

1548 : Publication de l'*Art Poëtique Françoys* de Thomas Sebillet, théoricien de l'école marotique. Louise Labé commence sans doute la composition du *Débat de Folie et d'Amour*. Entrée solennelle de Henri II et de Catherine de Médicis le 23 septembre à Lyon. François, frère de Louise, y joue de l'épée et tient un rôle dans la « batterie aux armes » et dans la représentation d'une bataille navale. Le père de Louise a fourni les cordages pour les bateaux. Brillantes fêtes nocturnes.

1549 : Décès de Marguerite de Navarre. Publication de la *Défense et Illustration de la langue française* et de l'*Olive* de Du Bellay à Paris. Les *Erreurs amoureuses* de Pontus de Tyard paraissent anonynement à Lyon chez Jean de Tournes.

1550 : Quatre premiers livres des *Odes* de Ronsard.

Deuxième édition de l'*Olive* de Du Bellay, complète avec 115 sonnets.

Entre 1548 et 1551 : Décès de Pierre Charly, père de Louise Labé. Son fils François lui succède comme chef de famille.

1551 : Le 2 avril, Louise Labé et son mari achètent une maison avec jardin près de l'actuelle place Bellecour à Lyon. Publication de la traduction française des *Dialogues d'amour* de Léon L'Hébreu par Pontus de Tyard chez Jean de Tournes à Lyon.

1552 : Louise Labé commencerait à écrire ses sonnets. Allusions aux mœurs légères de Louise Labé dans un témoignage devant le Consistoire de Genève. Calvin en tirera sans doute argument pour traiter Louise Labé de « plebeia meretrix » (vulgaire courtisane). Publication des *Amours* de Ronsard et du *Cinquième Livre des Odes*. L'édition complète du *Quart Livre* de Rabelais paraît à Paris et également à Lyon chez Balthasar Aleman sous le nom de Michel Fezandat.

1553 ? - août 1558 : Querelle et procès entre François Charly, frère de Louise, et Antoinette, leur belle-mère, au sujet du testament laissé par Pierre Charly.

1553 : Date probable de la composition des élégies I et III de Louise Labé. Publication des *Amours* d'Olivier de Magny à Paris : les 102 sonnets sont adressés à la « Castianire » et précédés d'un sonnet parfois attribué à Louise Labé.

1554 : Date probable de la composition de la deuxième élégie. Olivier de Magny publie les Onzième et Douzième Livres de l'*Iliade* dans la traduction qu'avait laissée Hugues Salel, son ancien protecteur, et où figure en appendice une élégie parfois attribuée à Louise Labé. Magny séjourne à Lyon en route pour l'Italie : il est secrétaire de l'ambassadeur Jean d'Avanson, son nouveau protecteur, à qui il a dédié la traduction de Salel. Publication d'une ode et d'une strophe de Sapho en grec dans les *Odes d'Anacréon* par Henri Estienne à Paris. Publication à Bâle du fameux poème « A une aimée » de Sapho dans le *Traité du Sublime* de Longin en grec.

1555 : Le 13 mars (1554 *ancien style*), Louise Labé demande au roi le privilège d'édition pour la publication de ses œuvres. Le 24 juillet, elle date son épître dédicatoire à Clémence de Bourges (1532 ? - 1562 ?), jeune femme cultivée appartenant à un milieu social beaucoup plus élevé que le sien (son père avait été échevin à Lyon) et que Louise a peut-être connue au couvent de la Déserte dans le quartier de la Gela à Lyon. On trouve, en effet, du côté maternel de Louise des bienfaiteurs de la Déserte (les Deschamps) et il est fort possible qu'après le décès de sa mère cette enfant exceptionnelle qu'était Louise ait été confiée aux sœurs de la Déserte pour son éducation : c'est là qu'elle aurait appris non seulement la broderie et la musique mais peut-être aussi le latin et l'italien. Cela expliquerait également comment elle a pu, par la suite, entrer en contact avec les milieux érudits de Lyon qu'il lui aurait été difficile de pénétrer autrement : l'humaniste Jean de Vauzelles, allié de famille des Scève, était aumônier de la Déserte (voir le sonnet IX des *Escriz*, p. 152, signé D'IMMORTEL ZELE). Le 12 août, Jean de Tournes, le fameux imprimeur lyonnais, fait paraître les *Œuvres* de Louise Labé. Publication du *Solitaire Second* de Pontus de Tyard, de la *Continuation des Amours* et des *Hymnes* de Ronsard, de la *Dialectique* de Pierre de la Ramée, des quatre *Centuries* de Nostradamus, des *Amours de Francine* de J.-A. de Baïf, de l'*Amour des Amours* et de l'*Art poétique* de Jacques Peletier du Mans (à la suite de ce dernier ouvrage se trouve une ode dédiée à Louise Labé : cf. « Regards sur Louise Labé, N° 3).

1556 : Seconde édition revue et corrigée des *Œuvres* de Louise Labé. L'*erratum* de l'édition princeps est rectifié dans le texte mais d'autres fautes sont commises. Parution de deux odes de Sapho dans l'édition grécolatine des *Odes d'Anacréon* par Henri Estienne à Paris. Première traduction française du poème « A une aimée » par Remy Belleau dans les *Odes anacréontiques (et Hymnes)* à Paris.

1557 : Diffusion d'une chanson scandaleuse faisant allusion, entre autres, à une liaison entre Louise Labé et un banquier italien :

CHANSON NOUVELLE
(anonyme)

L'autre jour je m'en allois
Mon chemin droict à Lyon;
Je logis chez la Cordière
Faisant le bon compagnon.
S'a dit la dame gorrière,
« Approchez vous mon ami,
La nuict je ne puis dormir. »
[...]
Il y vint un Florentin,
Luy monstr' argent à grant somme;
Tout habillé de satin,
Il faisoit le gentilhomme.
Ell' le receut doucement
Pour avoir de la pecune,
Le but où elle pretend
C'est pour avoir de l'argent.

Le Florentin en question ne peut être que Thomas Fortin (Fortini), puissant allié des Strozzi (il est parrain d'un enfant de l'illustre famille), établi banquier à Lyon et qui, à l'époque, investit de l'argent pour Louise Labé dans cette sorte d'emprunt du roi qu'est le « grand party » de Lyon (voir *Testament* de Louise Labé). Les 14 et 23 septembre, Louise Labé achète une maison de campagne, un pré, deux vignes et quelques lopins de terre à Massieux, près de Parcieux-en-Dombes, à une vingtaine de kilomètres de Lyon. Publication des *Soupirs* d'Olivier de Magny à Paris.

Entre janvier 1555 et septembre 1557 : Mort d'Ennemond Perrin, mari de Louise.

1558 : Publication des *Regrets*, des *Jeux rustiques*, des *Antiquités de Rome* et des *Pœmata* de Du Bellay.

1559 : Parution des *Odes* d'Olivier de Magny à Paris. L'ode « A Sire Aymon » affiche une moquerie méprisante pour le mari de Louise Labé et d'autant plus ignoble qu'Ennemond Perrin est mort depuis moins de deux ans :

ODE XL

Si je voulois par quelque effort
Pourchasser la perte, ou la mort
Du sire Aymon, & j'eusse envye
Que sa femme luy fut ravie,
Ou qu'il entrast en quelque ennuy,
Je serois ingrat envers luy.

Car alors que je m'en vois veoir
La beaulté qui d'un doulx pouvoir
Le cueur si doucement me brulle,
Le bon sire Aymon se reculle,
Trop plus ententif au long tour
De ses cordes, qu'à mon amour.

Publication du texte complet de l'*Heptaméron* de Marguerite de Navarre par Claude Gruget à Paris et de l'édition latine définitive de l'*Institutio* de Calvin. Le 10 juillet, Henri II meurt dans un tournoi. Avènement de François II.

1560 : Louise Labé achète d'autres terres à Parcieux. Mort de Du Bellay. Mort de François II, avènement de Charles IX et régence de Catherine de Médicis. Traduction française de l'édition définitive de l'*Institution chrétienne* de Calvin. Première édition collective des *Œuvres* de Ronsard.

1561 : Mort probable d'Olivier de Magny. Colloque de Poissy.

1562 : Louise Labé achète une autre vigne à Parcieux. Édit de tolérance. Massacre de Wassy. Première guerre de religion : le 30 avril, sous le commandement du baron des Adrets, les « religionnaires » (Protestants) s'emparent de Lyon. Sanglantes émeutes. « Règne de l'Évangile » à Lyon pendant un an. Plusieurs membres de la famille de Louise deviendront protestants, son beau-père et ses cousins, entre autres ; mais elle restera catholique. Mort probable de Clémence de Bourges. Publication posthume du *Microcosme* de Maurice Scève et de l'*Ile sonnante* de Rabelais. Ronsard publie le *Discours des misères de ce temps* et sa *Continuation* ainsi que la *Remontrance au peuple de France*.

1563 : Assassinat du duc de Guise. Paix d'Amboise. Charles IX est proclamé majeur : il a 14 ans. Clôture du concile de Trente.

1564 : La peste se déclare à Lyon. Les amis de Louise Labé meurent ou se dispersent. Mort de Calvin et de Michel-Ange. Publication du texte complet du *Cinquième Livre* de Rabelais.

1565 : Malade, Louise Labé se retire chez son ami Thomas Fortin (Fortini), banquier d'origine florentine, avec lequel elle est liée depuis une huitaine d'années. Le 28 avril, elle dicte son testament en présence de Thomas Fortin. Elle fait d'importantes donations à l'Aumône générale (cf. *supra* 1534), laisse à Fortin l'usage de la propriété de Parcieux (usage dont il s'acquittera d'ailleurs fort mal) et fait de ses neveux — les enfants de son frère François décédé — ses « héritiers universels » selon sa propre formule.

1566 : Décès de Louise Labé avant le 15 février. Elle est inhumée dans sa propriété de Parcieux-en-Dombes.

Cette chronologie doit beaucoup aux travaux de Georges Tricou et de Kenneth Varty (voir notre *Bibliographie*) ainsi qu'aux notes et documents inédits que Natalie Z. Davis a eu l'amabilité de me communiquer. Inutile de dire, cependant, que je n'engage que ma seule responsabilité quant à l'exactitude des faits présentés ici.

F. R.

LEXIQUE

A

Abattre (l'herbe) : fouler.
accepcion : exception.
accusation : plaidoirie.
acertener : rendre certain, assurer.
accompagner : donner pour compagne ou compagnon.
acort : habile.
acoustrer : arranger, habiller.
accoutumer (avoir accoutume : avoir l'habitude de).
adresser (s') contre : attaquer.
affectionné : ému.
agencement : ornement.
aigreur : violence, souffrance.
aigrir : rendre des peines plus lourdes.
ains : mais.
alléguer : citer, nommer.
allure : le fait d'aller.
amonceler : transformer en montagne.
amourettes : mythes de l'amour.
animant : être animé.
anté : enté, planté (une ante : une greffe).
apareiller : préparer, fournir.
aparens : grands, en vue.
aparsoy : seul.
apert : manifeste.
apétit : demande, désir.
apointer : mettre au point, régler.
ardre : brûler.
areine : sable.
assener : atteindre, frapper.
asseoir : fixer.
assembler : réunir.
asseurer (s') : être sûr.
atenter à : attaquer.
attache : affiche.
aucun : certain.
aventure (à l') : par hasard.
avient : arrive (avenir : advenir).
avolé : étourdi.

B

Baler : danser.
barbarin : étranger.
bas : de basse extraction.
basme : baume, parfum.
baste : il suffit (italianisme).
benivolence : bienveillance.
bien : bonheur.
bizarrie : caprice.
bond (de premier bond : du premier coup).
branc : épée.
brief (en brief : sous peu).
brouilliz : brouilles.
bruit : réputation.

C

Carme : chant, poème (latinisme),
carron : brique.
causeur : avocat (qui plaide une cause).
caut : prudent, rusé.

ce : cela.
cerne : cercle.
chaloir : s'inquiéter (il ne me chaut : cela m'importe peu).
charactere : signe magique, talisman.
chevet : coussin.
cil : celui.
citre : cithare.
cœur : courage.
combien que : bien que.
commettre (se) : se confier.
compasser : mesurer, composer avec art.
complexion : qualité, caractère.
composé : disposé.
composition : disposition, accord.
comprendre : contenir.
conception : idée.
congrégation : réunion.
conjurer : conspirer.
considération : prudence.
consistoire : assemblée.
consommer : consumer, dépérir.
conte : compte.
contregarder : protéger.
controlleur : qui tient les comptes.
copelle (de) : de meilleure qualité.
coup : fois (à ce coup : cette fois), (tout à coup : tout à la fois).
courage : cœur.
courtine : rideau.
cuider : penser.
curiosité : soin, recherche.

D

Davantage : de plus, en outre.
decevoir : tromper.
defiance : doute.
defier (se) : douter.
degré : rang.
delivre : delivré (e).
delibérer : avoir l'intention de.
delaisser : manquer.
dementir : révéler.
demeurant : reste.
depiter (se) : s'irriter.
desconfort : tristesse, affliction.
desfacher : ôter les soucis.
despendu : dépensé.
despit : déception (faire despit : irriter).
despriser : mépriser.
destitué : dépourvu.
deuil : douleur.
devisé : divisé.
diligence : soin, attention.
dine : digne.
discipline : étude, instruction.
discourir : envisager.
discrecion : distinction, discernement.
disputer : discuter.
domestique : privé, familier.
dont : par suite de quoi.
doucine : hautbois.
douter : redouter.
dresser : chercher, porter.
dueil : cf. deuil, douleur.

E

Effort : force, efficacité, effet.
emmielleur : charmeur, flatteur.
empesché : gêné, occupé.
encharger : confier.
endroit : égard.
endurer : tolérer.
ennui : douleur.
ennuyé : affligé.
enseigne : souvenir.
entendre : comprendre.
environner : aller autour de.
erain : airain.
erre (à grand) : à vive allure.
erreur : égarement, vagabondage.
es : en les.
esbahir (s') : être surpris.
escoutes : aguets.
esjouir : prendre du plaisir.
esguillé : aiguille.
estomac : poitrine.
estonné : abasourdi.
estour : assaut, attaque.
estrange : aliénant.
estranger : aliéner.
estreci : rétréci.
esventé : écervelé.
euvre : ouvrage.

F

Facherie : contrariété.
facheux : désagréable.
faire : remplace parfois un verbe précédent (comme l'anglais *do*).
fame : renommée.
fantasie : imagination.
farseur : comédien.
fatal : conforme au destin.
feindre : façonner, créer.
feiz : fis (passé simple de *faire*).
femmelle : pauvre femme.
fiance : confiance.
fiancer (se) : avoir confiance en.
fier : féroce, cruel
finement : par ruse.
finesse : ruse.
fois (à) : parfois.
forcener : perdre la raison.
forsaire : forçat, criminel.
fortune : hasard, aventure.
franchise : liberté, lieu d'asile, zone neutre.
furieux : impétueux.

G

Garde : (avoir garde de : avoir l'idée de).
garder : empêcher.
garniment : garnement.
génial : joyeux, voluptueux.
getter : calculer.
glasser (se) : se glisser.
gloire : réputation qui vient de l'honneur.
glorieux : orgueilleux.
grief : grave, lourd, pénible (une seule syllabe en poésie).
guichet : petite porte pratiquée dans une grande porte.
guinder (se) : s'élever.

H

Harnois : armure, attelage.
hautain : courageux.
hautesse : fierté, noblesse.
hasard : péril, danger.
hebeine : ébène.
heur : bonheur.
honneste : honorable.
horrible : qui inspire l'horreur, effrayant.
hybernal : hivernal.

I

Icelle, icelui, iceux : celle (elle); celui (il); ceux (elles, ils).
immuer : changer.
imaginacion : idée.
impuissanter : rendre impuissant.
incessamment : sans cesse.
indiscrecion : manque de discernement.
industrie : ingéniosité.
Infernaux : dieux des enfers.
influxion : influence.
injure : dommage.
intelligence : compréhension (au pluriel : tractations).
iré : en colère.
itéré : répété.

J

Jà : déjà, désormais.
jambette : croc-en-jambe.
jeunesse : œuvre de jeunesse.
jouer (se) à : plaisanter avec.

L

Labeur : (gens de labeur : ouvriers).
laq : filet, piège.
lasseté : lassitude.
lever : enlever.
lezard : qui blesse.
liberal : généreux.
limé : poli.
los : louange.

M

Mais : plus (latin : *magis*).
marbrin : de marbre.
marri : fâché.
masques : mascarades.
meilleur (avoir du) : l'emporter.
mesler : communiquer une partie.
mesmes : spécialement.
mignart : mélodieux.
miracle : chose extraordinaire.
miserable : tragique.
mol : mou, mouillé.
molester : attrister.
montres : spectacles.
moresque : danse moresque.
moyen (tenir) : être modéré.
moyennant que : parce que.
moyenner : fournir, procurer.
muliebre : féminin.

N

Naïf : naturel.
navrer : blesser.
ne : ni.
noise : querelle ou chagrin.
nom : renom.
nubileux : nuageux.

O

Obombrer : ombrager.
occasion : cause, lieu.
ofenser : atteindre, blesser.
onc, oncques, onq, onques : jamais.
or, ores : maintenant. Or... or... : tantôt... tantôt...
oraison : discours, plaidoirie.
orrez : entendrez.
outre : malgré.
outré : fâché.
ouvrage : broderie, tapisserie.
oysel : oiseau.

P

Par ci après : à l'avenir.
parangonner : comparer.
passant : hôte de passage.
passemese : danse italienne (ital. *passamezzo*).
passer : dépasser.
passion : souffrance.
peine (à) : avec peine, difficilement.
pendant : pendentif.
penser : *souvent pour* panser.
pers : égaux, jumeaux.
pigne : peigne.
piteux : sensible à la pitié, *ou* pitoyable.
plaisant : agréable (mal plaisant : désagréable).
pleins, plainctz : plaintes.
plumassier : chercheur de plumes.
plus : *souvent pour* le plus.
poil : cheveu.
poingner : exciter, irriter, faire souffrir.
pointure : souffrance, irritation.
poitrine : cœur.
polluer : violer, transgresser.
pomme : *souvent pour* fruit, au sens général (latinisme).
populaire : peuple.
possible : *adv.*, peut-être.
pour autant que : parce que.
pour ce : pour cette raison.
pour tant : pour cela.
pource que : parce que.
précéder : l'emporter sur.
premier (adv) : pour la première fois.
presser : opprimer.
privautés : gestes familiers, scènes intimes.
privement : en privé, dans l'intimité.
prochasser : procurer, obtenir.
propre : convenable.
protester : promettre.
publiq : la société.
puissance : pouvoir.

Q

Querelle : procès, intérêts de quelqu'un.
question : procès.
quiconque : qui que.
quitter quelque chose à quelqu'un : abandonner.

R

Raison : chose raisonnable.
ramentevoir : rappeler.
reboucher : s'émousser.
recreacion : distraction.
recueil : accueil.
recueillir : rassembler.
reduire en memoire : rappeler.
regretter : se lamenter sur.
remirer : regarder à nouveau.
renger : soumettre, dompter.
respect (pour ce) : pour cette raison.
resverie : stupidité, folie.
revoquer : rappeler.
rien : quelque chose.
robber : dérober, voler.
robbon : petit manteau.
route : déroute.
rude : grossier, brutal.
rustique : non cultivé.

S

Sagette : flèche (latinisme).
saillie : sortie.
saltacion : danse.
sapience : sagesse.
satisfaire : s'acquitter.
saye, sayon : sorte de manteau.
sciences : connaissances, culture.
sellette : petite chaise.
semblable (le) : la même chose.
semblance : apparence.
sentiment : sens, sensation.
serrer : fermer (italianisme).
si : pourtant, du moins. Si est ce que : cependant.
simplesse : simplicité, naïveté.
soin : souci.
sommaire : résumé.
sonner : jouer d'un instrument.
sonnet : diminutif de *son*, chant, poème.
souef : doux, suave (doucement, suavement).
souloir : avoir coutume de (latinisme).
succeder : arriver, réussir.
sufumigacion : fumigation odoriférante.
sus : sur.

T

Tant... que : si bien que ; tant plus que : plus.
tenir : retenir, rester.
tirer : retirer.
tors : de travers.
tourner (se) : changer.
travail : fatigue, peine, tourment.
travailler : s'éreinter.
traverse (à la) : de travers.

V

Vacation : occupation.
variable : volage.
venir : devenir.
vertu : excellence, force de caractère.
vertueux : éclairé.
veuil : désir, volonté.
viandes : vivres, mets.
vilain : rustre.
voire : vraiment.
vois (je) : je vais.
volter : tourner, faire tourner (italianisme).
voulu (bien) : estimé, bien vu.

TABLE

DERNIÈRES PARUTIONS

ARISTOTE
Parties des animaux, livre I (784)

AVERROÈS
Discours décisif (bilingue) (871)
L'Intelligence et la pensée (974)

BALZAC
La Peau de chagrin (899)
Le Père Goriot (826)

BARBEY D'AUREVILLY
Une vieille maîtresse (955)

BAUDELAIRE
Au-delà du romantisme. Écrits sur l'art (1010)

BERKELEY
Trois Dialogues entre Hylas et Philonous (990)

BICHAT
Recherches physiologiques sur la vie et la mort (808)

BOÈCE
Traités théologiques (876)

LE BOUDDHA
Dhammapada (849)

BÜCHNER
La Mort de Danton. Léonce et Léna. Woyzeck. Lenz (888)

CALDERÓN
La vie est un songe (bilingue) (973)

CHRÉTIEN DE TROYES
Perceval ou le Conte du graal (bilingue) (814)

COMTE
Discours sur l'ensemble du positivisme (991)

CONFUCIUS
Entretiens avec ses disciples (799)

DESCARTES
Les Passions de l'âme (865)
Lettre-préface des *Principes de la philosophie* (975)

DOSTOÏEVSKI
Le Joueur (866)

DUMAS
Le Comte de Monte-Cristo (1004-1009)

ÉPICTÈTE
Manuel (797)

ÉSOPE
Fables (bilingue) (721)

FABLIAUX DU MOYEN ÂGE
(bilingue) (972)

FÉVAL
Le Bossu (997)

FONTANE
Cécile (1012)

GALIEN
Traités philosophiques et logiques (876)

GOETHE
Écrits sur l'art (893)

HEGEL
Préface de la *Phénoménologie de l'esprit* (bilingue) (953)

HÉLOÏSE ET ABÉLARD (827)

HISTOIRE DE LA LITTÉRATURE FRANÇAISE :
Le Moyen Âge (957)
De Villon à Ronsard (958)
De Montaigne à Corneille (959)
Le Classicisme (960)
De Fénelon à Voltaire (961)
De *L'Encyclopédie* aux *Méditations* (962)

HISTOIRES D'AMOUR ET DE MORT LA CHINE ANCIENNE (985)

HISTOIRES EXTRAORDINAIRES RÉCITS FANTASTIQUES DE LA CHI ANCIENNE (1014)

HUME
L'Entendement. Traité de la nature humaine, livre I (701)

JOYCE
Les Gens de Dublin (709)

KÂMA SÛTRA (1000)

KANT
Métaphysique des mœurs I (715)
Métaphysique des mœurs II (716)

LACLOS
Les Liaisons dangereuses (758)

LA FONTAINE
Fables (781)

LAFORGUE
Les Complaintes (897)

LEIBNIZ
Principes de la nature et de la grâce. Monadologie et autres textes (863)

LESSING
Nathan le Sage (bilingue) (994)

LE TASSE
La Jérusalem délivrée (986)

LUCRÈCE
De la nature (bilingue) (993)

MALEBRANCHE
Traité de morale (837)

MALLARMÉ
Écrits sur l'art (1029)

MARLOWE
Le Docteur Faust (bilingue) (875)

MARX & ENGELS
Manifeste du parti communiste (1002)

MONTESQUIEU
Lettres persanes (844)

NIETZSCHE
Ainsi parlait Zarathoustra (881)
Le Gai Savoir (718)

PASTEUR
Écrits scientifiques et médicaux (825)

PLATON
Apologie de Socrate. Criton (848)
Cratyle (954)
Lachès. Euthyphron (652)
Protagoras (761)

PLUTARQUE
Vies parallèles I (820)
Vies parallèles II (841)

PONGE
Comment une figue de paroles et pourquoi (901)

RODENBACH
Bruges-la-Morte (1011)

ROUSSEAU
Profession de foi du vicaire savoyard (883)

SAY
Cours d'économie politique (879)

SHAKESPEARE
Antoine et Cléopâtre (bilingue) (895)
Le Roi Lear (bilingue) (882)
Le Songe d'une nuit d'été (bilingue) (891)

STENDHAL
Le Rose et le Vert (901)

STRINDBERG
Mademoiselle Julie. Le Pélican (970)

SWIFT
Les Voyages de Gulliver (969)

TITE LIVE
Histoire romaine. La Libération de la Grèce (989)

THOMAS D'AQUIN
Contre Averroès (713)

TURGOT
Formation et distribution des richesses (983)

ZOLA
Naïs Micoulin (984)

GF-CORPUS

L'Âme (3001)
L'Amour (3010)
Le Citoyen (3044)
Le Désir (3015)
L'État (3003)
L'Histoire (3021)
L'Identité (3030)
Le Langage (3027)
Le Libéralisme (3016)
La Matière (3020)
La Métaphysique (3037)
La Nature (3009)
Le Nihilisme (3011)
La Paix (3026)
Le Pouvoir (3002)
Le Scepticisme (3014)
La Sensation (3005)
L'Utopie (3029)

GF-DOSSIER

CHATEAUBRIAND
Mémoires d'Outre-Tombe, livres I à V (906)

CORNEILLE
L'Illusion comique (951)

DIDEROT
Jacques le Fataliste (904)

FONTENELLE
Entretiens sur la pluralité des mondes (1024)

GOGOL
Nouvelles de Pétersbourg (1018)

HUGO
Les Châtiments (1017)
Hernani (968)
Ruy Blas (908)

LESAGE
Turcaret (982)

MARIVAUX
La Double Inconstance (952)
Les Fausses Confidences (978)

MOLIÈRE
Dom Juan (903)
Le Misanthrope (981)
Tartuffe (995)

MONTAIGNE
Sans commencement et sans fin. Extraits des *Essais* (980)

MUSSET
Les Caprices de Marianne (971)
On ne badine pas avec l'amour (907)

PLAUTE
Amphitryon (bilingue) (1015)

RACINE
Bérénice (902)
Iphigénie (1022)

ROUSSEAU
Les Rêveries du promeneur solitaire (905)

SÉNÈQUE
Médée (992)

GF Flammarion

98/08/65827-VIII-1998 – Impr. MAURY Eurolivres, 45300 Manchecourt.
N° d'édition FG041304. – Janvier 1986. – Printed in France.